사회에
나가
처음
만나는
법

장영인 지음

계약, 직장 생활,
결혼과 이혼,
인플루언서 활동까지
나를 지키는 현실밀착 법률

북하우스

프롤로그

"변호사 사무실은 왠지 무섭고 부담스러워요."

변호사 생활을 하면서 의뢰인들에게, 특히 젊은 의뢰인들에게 자주 들은 말이다. 사회생활을 시작하게 되면 우리는 다양한 책임과 마주하게 된다. 원룸 계약, 첫 직장에서의 협상, 연인과의 결혼 결정, 뜻하지 않게 겪게 되는 분쟁까지. 매일 마주하는 일인데도 법을 잘 이해하고 활용하기는 여전히 어렵고, 변호사를 만나는 일은 거리감이 느껴진다. 그러다 보니 많은 분이 인터넷 검색으로 답을 찾으려 한다. 하지만 검색 결과는 대부분 광고 목적의 정보이고, 최근 경향이 반영되지 않아 부정확한 경우가 많다. 꼭 필요한 법률 상식을 정확하게 알고 있었다면 쉽게 해결할 수 있을 일인데, 그러지 못해 복잡한 상황에 휘말리는 의뢰인 분들을 보면 마음이 아팠다. 누군가 나에게 딱 맞는, 믿을 수 있는 법률 정보를 쉽고 친근하게 설명해준다면 얼마나 든든할까?

그동안 나는 젊은 세대가 꼭 알아야 하는 법률 지식을 쉽게 전하기 위해 웹툰, 유튜브, 인스타그램을 적극 활용해왔다. 또한 직장 내 괴롭힘/성희롱 예방 강연을 담당하고, IT 스타트업 기업에서 최고제품책임자로서 사내 법률 자문 활동을 하면서, 가지각색의 사연을 가진 수많은 분과 소통했다. 이러한 활동을 통해 요즘 세대가 가지는 법률 관련 고민을 가장 가까이서 들을 수 있었다. 이 경험을 토대로 어렵게만 느껴지던 법률 이야기를 쉽고 실용적으로 풀어내 필요한 순간 바로 꺼내 볼 수 있는 책을 만들고자 했다. 법에 취약한 젊은 세대를 중심으로, 사회생활을 할 때 무조건 알아야 하는 핵심 법률 지식을 선별하고, 최신 법령을 반영해 세심하고 정확하게 살펴보았다.

이 책에서는 우리가 어른이 되면서 자연스럽게 마주하게 되는 네 가지 상황을 다루었다. 1부 '직장 생활을 할 때'에서는 대수롭지 않게 생각했던 일이 법적 문제가 될 수 있다는 점을 살펴본다. 하루 중 가장 많은 시간을 보내는 곳인 회사에서 일어나는 여러 일에 현명하게 대처할 수 있도록 하였다. 2부 '집을 구할 때'에서는 최근 문제가 된 전세사기를 피하는 방법을 비롯해, 계약 시 바로 사용하기 좋은 특약 조항들을 제공하여 실용성을 높였다. 3부 '결혼 또는 이혼을 준비할 때'에서는 결혼을 신중하게 선택하려는 요즘 세대의 고민을 담았다. 동거, 약혼, 결혼, 비혼 또는 혼인하지 않은 상태에서 자녀를 갖는 것까지, 각각의 선택이 가져오는 법적 차이를 설명하여 의사결정을 돕고자 했다. 마지막으로 4부 '인플루언서 활동을 할 때'에서는 인플루언서로 활동할 때 주의해야 할 쟁점을 가이드라인처럼 제공했고, 아직 법제화되지 않은 부분까지 설명을 덧붙여 향후 문제가 될 수 있는 부분도 가늠할 수 있도록 했다.

각 주제는 쉽게 이해할 수 있도록 사례 중심으로 설명했고, 꼭 필요한 법률 정보를 담았다. 모든 내용은 순서대로 읽지 않아도 괜찮도록 구성했기 때문에 곁에 두었다가 필요한 순간, 궁금한 부분부터 찾아가며 읽어보면 된다.

이 책은 여러분에게 단순한 법률 정보 그 이상을 제공하길 바라는 마음으로 썼다. 지금 직면한 문제를 해결하는 데 도움을 줄 뿐만 아니라, 앞으로 마주할 다양한 상황에서도 든든한 길잡이가 되어줄 수 있기를 바란다. 법이 더 이상 어렵고 낯선 존재가 아니라, 여러분의 삶을 지켜주는 친구가 되었으면 좋겠다.

차례

3부 결혼 또는 이혼을 준비할 때

4부 인플루언서 활동을 할 때

부당해고를 피하기 위해
몰래 녹음해도 되나요?

회사에서 남모르게 상사의 괴롭힘을 받고 있던 A 씨는 고민에 빠졌다. 회사에 직장 내 괴롭힘으로 신고하고 싶지만, 주변에 사람이 없을 때만 괴롭히는 탓에 아무도 자신의 피해 사실을 알지 못하는 데다, 상사가 높은 실적으로 인정받고 있고 동료들과 관계도 워낙 좋아서 아무도 자기 말을 믿어주지 않을 것 같았다. 그러던 중 A 씨는 인터넷에서 명찰처럼 생긴 녹음기를 발견하고 구매 버튼을 누른다.

직장인으로서 회사에서 부당한 일을 겪고 있다면, 어떻게 처신하는 것이 좋을까? 상대방과 직접 부딪혀서 대화를 나누거나, 오해를 푸는 방법으로 해결할 수 있다면 가장 좋겠지만 이해관계가 복잡하게 얽혀 있는 회사에서는 그렇게 간단히 해결할 수 있는 경우가 많지 않다.

　하루 중 가장 많은 시간을 보내는 직장 안에서는 항상 갈등이 발생하고, 직장에서 생긴 문제들은 대부분 복잡하다. 직장 동료와 함께 진행 중인 프로젝트가 한창 궤도에 오르고 있는 상황이라면 일과 동료와의 관계도 생각해야 하고, 이직할 곳이 정해지지 않은 상태라면 회사를 쉽게 그만두기도 어렵다. 갈등을 겪는 상대방이 나보다 상사이거나 부하 직원이라면 직급 차이 때문에 의사소통이 더 어려워지기도 한다. 상대방과 나의 문제가 아니라 회사라는 집단을 상대하는 기분도 들기 마련이다. 그래서인지 직장 안에서 당사자끼리 조용히 문제를 해결하지 못한 채 끝내 법률 상담까지 하러 오는 경우가 굉장히 많다.

이런 A 씨의 마음을 대변하기라도 하듯, 목에 거는 출입증 또는 명찰처럼 생긴 녹음기를 판매하는 업체들이 많다. 이 제품들의 특징은 상대방 모르게 항상 녹음을 할 수 있다는 것이다. 업무 시간 중 언제 피해 사실이 발생할지 모르기도 하고, 휴대전화를 꺼내서 녹음기를 조작하는 것을 들킬 염려도 없으니 안성맞춤이라는 것이다. 그런데 뭔가 찜찜하다. 상대방 모르게 내 앞에서 벌어지는 모든 상황을 녹음해도 괜찮을까?

엿듣는 것, 엿들어서 녹음하는 것 모두 처벌

비밀 녹음을 처벌하는 근거는 통신비밀보호법이다. 그런데 통신비밀보호법은 '도청'하는 것을 처벌한다. 즉 내가 들을 수 있는 대화가 아닌데도 녹음기 등의 장치를 사용해서 다른 사람의 대화를 엿듣는 것을 처벌하는 것이다. 이러한 통신비밀보호법의 규정에 따르면 남의 대화가 아닌 내가 하는 대화는 상대방에게 말하지 않고 몰래 녹음하더라도 처벌 대상이 아니다.

그런데 A 씨가 녹음하는 상황을 다시 한번 생각해보자. A 씨는 사원증처럼 생긴 녹음기를 목에 걸고 근무 시간 내내 녹음을 한다. 만약 사원증(처럼 생긴 녹음기)을 목에 걸지 않고 잠시 빼둔 채 화장실을 가려고 자리를 비우면 어떨까? A 씨가 화장실에 간 사이 동료 직원들이 대화를 나눴고, 책상 위에 있는 A 씨의 녹음기가 이 모든 대화를 자동으로 기록하고 있다면? A 씨가 깜빡한 사이에 통신비밀보호법이 금지하는 도청을 하게 된 것이다.

또한 A 씨가 대화에 끼든 끼지 않든, 목에 걸고 있는 녹음기가 감지할 수 있는 모든 소리가 녹음되고 있는데 이건 어떨까? 사무실에서 A 씨의 뒷자리에 있는 두 명이 잡담을 나눴고, 이게 녹음되었다면 도청인 걸까?

통신비밀보호법 제3조 및 제14조 제1항은 "누구든지 공개되지 아니한 타인 간의 대화를 녹음하거나 전자장치 또는 기계적 수단을 이용하여 청취할 수 없다"라고 정하고 있다. 내가 참여한 대화는 아니지만, 충분히 들을 수 있는 대화라면 '공개되지 아니한 타인 간의 대화'인 것일까?

2022년 8월에 대법원 판례가 나온 사건이 있다. 가청거리, 즉 귀로 들을 수 있는 거리에서 다른 사람의 대화를 몰래 녹음한 사건이니 참고할 만하다. 사건은 2017년 9월에 발생했다.

부산의 한 교회 사무실에서 세 사람이 게임을 하면서 대화를 나누고 있었다. B 씨는 같은 시간에 사무실에 있으면서 그들의 대화 내용을 들을 수 있는 거리에 있었지만 함께 대화를 나누진 않았는데, 그들의 대화를 몰래 녹음해서 그 자리에 없던 교회 장로에게 전송했다.

이 일로 B 씨가 통신비밀보호법 위반 혐의로 기소되었는데, 1심에서는 무죄 판결을 받았다. 귀로 들을 수 있는 대화라면 공개된 대화라고 보아야 한다는 것이다. 그런데 항소심(2심)에서는 B 씨의 행동을 유죄로 보고 징역 6개월과 자격정지 1년의 선고 유예 판결을 내렸다. 항소심은 '귀로 들을 수 있는지 없는지'만을 이유로 판단하지 않았다. "가청거리 내에 있어 대화 내용을 들을 수 있었다고 하더라도, 대화의 내용이나 성질, 당사자들의 의도 등에 비춰 일반 공중이 알도록 돼 있지 않아" 공개되지 않은 대화라고 판단했다. 이에 B 씨는 다시 불복했고, 결국 이 사건은 대법원까지 가게 되었다. 대법원은 항소심의 판단이 맞다며 최종적으로 유죄 판결을 확정하였다.•

이 사례에서 알 수 있는 것은, '공개되지 않은 대화'라는 표현이 '비밀'과 동일한 뜻이 아니라는 점이다. 어떤 사람들이 대화를 나누기 전에 문을 꽁꽁 닫고 출입을 통제하면서 이 대화는 비밀이라고 명시해야 법으로 보호해준다는 것이 아니다. 대

• 대법원 2022. 8. 31. 선고 2020도1007 판결.

화의 내용이나 대화를 하는 사람이 기대했을 상황, 주변의 맥락 등을 모두 고려했을 때, 그 대화를 누구나 들어도 되는 것이라면 공개되어도 상관없지만, 그런 대화가 아니었다면 그것은 '공개되지 않은 대화'인 것이다.

또한 이 판결을 통해 '귀로 들을 수 있는 대화'와 '녹음해도 되는 대화'는 다르다는 것이 분명해졌다. 타인의 대화를 들을 수 있었다고 하더라도, 그것만으로는 이것을 녹음하는 것까지 허용되는 것은 아니다.

결국 녹음기를 목에 걸고 다니면서 항상 주변 상황을 녹음하는 것은 불법의 소지가 있는 셈이니 조심해야 할 것이다.

조건만 갖추면 녹음해도 될까?

상담실에서 A 씨는 밝은 표정을 지으며 말했다.

"역시 녹음하기 전에 변호사님께 상담받길 잘했어요! 그럼 그 상사가 저한테 말을 걸기 시작하면 그때 녹음할게요. 그럼 전 아무 책임을 지지 않는 것이 맞죠?"

"그렇지 않아요. 책임질 수 있는 것들이 남아 있습니다."

지금까지는 형사처벌에 관한 것만 알아보았다. 대화 중에 몰래 녹음하는 것은 처벌받지 않는다고 했는데, 또 무엇이 남은 걸까? 한번 상상해보자. 지금까지 내가 대화를 나눈 사람들이

나 모르게 내 목소리가 나오는 대화들을 녹음해서 휴대전화에
저장하고 있다면 어떨까? 아무렇지 않은 사람들도 있을 것이
고, 음침하다며 불쾌하게 느끼는 사람들도 있을 것이다. 내 목
소리를 몰래 녹음하는 것이 무죄라니, 이상하게 생각하는 사람
들이 분명히 있을 것이다.

만약 이상하게 느껴진다면 그건 아주 당연하다. 내 목소리에
관한 권리는 나에게만 있어야 하고, 이걸 몰래 녹음하면 내 권
리를 침해한 것이기 때문이다.

형사상 무죄라고 해서 아무 잘못이 없다는 것은 아니다. 말
그대로 형사처벌을 하지 않는다는 것뿐이고, 여전히 상대방의
권리를 침해한 것은 맞기 때문에 민사상 불법행위에는 해당한
다. 타인의 음성을 함부로 녹음한 행위를 불법행위라고 명시한
판결도 있다.•

그래서 민사상 불법행위가 되면 어떤 책임을 지느냐고? 손
해배상으로 돈을 지급해야 한다. 사안이 얼마나 심각한지에 따
라 지급해야 할 금액이 달라질 뿐이다.

• 수원지방법원 2013. 8. 22. 선고 2013나8981 판결: "피녹음자의 동의 없이 전화통화 상대
  방의 통화내용을 비밀리에 녹음하고 이를 재생해 녹취록을 작성하는 것은 원칙적으로 헌법
  제10조 제1항과 제7조에서 보장하는 음성권 및 사생활의 비밀과 자유를 부당하게 침해하는
  행위에 해당해 불법행위를 구성한다."

비밀 녹음 자체가 회사에서 징계 사유가 될 수 있다

형사 범죄가 되는지, 민사상 손해배상을 해야 하는지와 별개로 비밀 녹음 자체가 회사 내 징계 사유가 될 수 있다는 점도 기억해두는 것이 좋다. 대부분의 회사는 근로계약서 내지 취업규칙에 징계 사유와 징계 처분의 종류를 규정해둔다. 회사에는 그 범위에서 고유의 징계 권한이 있는데, 만약 직원의 비밀 녹음이 징계 사유에 해당한다면 얼마든지 징계 처분을 할 수 있게 된다.

취업규칙을 살펴보면 징계 사유로 '직장 질서를 문란하게 한 행위'가 있을 것이다. 실무상 가장 자주 사용되는 규정이기도 하다. 실제로 동료 직원 간의 대화를 몰래 녹음하고 이것을 동료를 고소하기 위한 자료로 사용한 사건이 있었는데, 대법원은 이러한 일련의 행위가 앞에서 본 불법행위에 해당하는 것은 물론이고 직장 질서를 해치는 것이어서 징계 대상이 된다고 판단한 사례가 있다.[•]

• 대법원 1995.10.13 선고 95다184 판결 : "동료직원들의 대화내용을 비밀리에 녹음하여 이를 토대로 진술서를 작성하여 교부함으로써 그 진술서가 동료직원들에 대한 형사고소 사건의 자료로 제출되도록 한 일련의 행위는 … (중략) … 사생활의 비밀과 자유를 침해하고 직원 상호간에 불신을 야기하여 직장 내의 화합을 해하는 것으로서 근무기강 확립과 품위유지의무에 위반되는 것이다."

가해 사실을 공개하면 명예훼손이 될까요?

모든 설명을 들은 A 씨는 잠시 고민하더니 단호한 표정으로 말했다. "말씀해주신 내용은 각오하겠습니다. 그런데, 저는 가해 사실을 회사에 알리고 싶은데 그것도 문제가 될까요? 어디서 듣기로는 명예훼손에 해당할 수 있다고 하던데요."

누군가의 가해 사실을 공개하는 것도 명예훼손에 해당할 수 있다. 거짓이 아닌 진실된 사실을 밝히는 것이 죄가 된다는 사실을 받아들이기 어려워하는 사람들이 많지만, 명예훼손이 보호하는 것은 또 다른 권리인만큼 분리해서 판단해야 한다.

A 씨가 괴롭힘을 당한 사실을 알리고 싶다면 회사의 직장 내 괴롭힘 관련 업무 담당자를 통해 정식 절차를 밟아 조치를 하면 된다. 전 직원에게 폭로성으로 알리는 것은 명예훼손에 해당할 우려가 상당히 크다. 하지만 문제 상황을 알리고, 이를 시정하고자 제한된 범위에서 알리는 것은 공익적 목적이 인정되어 명예훼손에 해당하지 않을 수 있다.

어떻게 조치해야 가장 현실적일까요?

지금까지 비밀 녹음과 관련된 다양한 쟁점을 살펴보았다. 다른 사람의 비밀 대화를 몰래 녹음하면 안 되고, 내가 들을 수 있는 범위의 모든 대화를 녹음하는 것도 무한정 허용되지 않는다. A 씨가 상사와 둘이 대화하는 것을 몰래 녹음하면, 상사에게 손해배상을 해야 할 수 있고, 이러한 행위 때문에 징계를 받을 수도 있으며, 피해 사실을 알리는 과정에서 주의를 기울이지 않았다가 명예훼손으로 고소당할 수도 있다. 여기까지 살펴본 내용만으로는 A 씨가 피해를 구제받기가 여간 쉽지 않다는 생각이 들수도 있다.

그러나 유사한 실제 사례에서 손해배상까지 가는 경우는 드물다. 비밀 녹음 때문에 직접적으로 발생한 금전적 손해가 없다면, 결국 인정되는 것은 정신적 손해인데 우리 법에서는 정신적 손해가 큰 금액으로 인정되지 않는 편이다. 게다가 손해배상을 청구하려는 사람의 입장에서는 증거도 수집해야 하고, 변호사 상담을 하거나 선임하는 데 비용도 많이 지출되며, 소송 진행 과정 자체가 수개월에서 수년이 걸리는 탓에 손해배상을 청구하지 않는 경우가 많다.

또한 회사 입장에서도 직원이 몰래 녹음했다는 사실만으로 징계를 하는 경우는 거의 없다. 회사가 징계에 대한 재량권을 가지고 있다고 하더라도 그 사유가 정당해야 하고, 징계 처분도 적당한 수준에서 이루어져야 하기 때문이다.

만약 회사가 적절하게 대응하지 않는다면 어떻게 하면 될까? A 씨가 녹음한 내용으로 가해 사실이 아주 분명하게 밝혀졌는데도 상사가 일을 잘한다는 이유로 그를 징계하기는커녕 A 씨의 비밀 녹음만을 문제 삼아 A 씨에게 징계를 내린다면, A 씨는 노동위원회의 도움을 받을 수 있다. 노동위원회는 기본적으로 회사보다는 근로자의 입장을 대변해주는 기관이다. 따라서 회사 입장에서는 노동위원회와의 분쟁을 피하고 싶어 하기에 이런 상황까지 가지 않으려고 한다. 만약 회사가 분쟁을 키웠다면? 걱정하지 말고 노동위원회를 찾아가시라!

이 모든 과정에서 A 씨가 주의해야 할 것은 홧김에 실수를 저지르면 안 된다는 것이다. 전 직원을 대상으로 또는 온라인 커뮤니티 등에 폭로성으로 가해 사실을 퍼트린다면 상황은 조금, 아니 매우 달라질 수 있다. 이 경우에는 쌍방이 잘못을 저지른 일이 되기 때문이다. 특히 명예훼손이 성립되면 형사 범죄로 기록이 남을 뿐만 아니라, 손해배상액도 늘어난다. 결국 상대방은 형사 고소만이 아니라 비밀 녹음까지 문제 삼으며 손해배상을 청구할 것이고, 아마 본격적으로 쌍방 진흙탕 싸움이 될 것이다. 당연히 회사는 형사 범죄를 이유로 징계 처분을 내리기 쉬울 것이다.

2장

동료의 뒷담화와 따돌림
직장 내 괴롭힘일까요?

A 씨는 최근 입사한 부하 직원 B 씨 때문에 골치가 아프다. A 씨는 중요한 프로젝트와 관련해서 B 씨에게 업무 지시를 하였는데, 아무리 설명하고 가르쳐도 B 씨가 불성실하게 일을 처리하더니, 결국 협력사와의 프로젝트가 틀어지게 되었다. A 씨는 B 씨를 불러 크게 혼을 냈는데, 다음날 B 씨가 A 씨의 언행으로 모욕감을 느꼈다면서 직장 내 괴롭힘으로 신고한 것이 아닌가?!

직장인이라면 누구나 회사에서 기분 나쁜 일을 경험해보았을 것이다. 상사가 사람들 앞에서 혼을 낸다든가, 옆자리 동료가 뒷담화, 즉 몰래 나에 대해 험담하는 소리를 우연히 듣는다든가, 나한테만 업무를 배정하지 않고 투명인간 취급을 한다든가. 유형화하기도 어려울 정도로 다양한 갈등이 발생한다.

　문제는 이런 갈등에 대응하고 해결하는 방법을 찾기가 쉽지 않다는 것이다. 막상 내가 당사자가 되면 어떻게 행동해야 하는지 막막한 경우가 보통이다. 회사에서 누군가가 나에 대한 험담을 하고 다니는 것을 우연히 알게 되었다면, 사적인 문제라서 혼자 알아서 해결해야 할 것만 같다. 여러 사람이 모인 회의에서 상사가 부적절한 말을 했을 때 괜히 나섰다가 혼자 예민하게 구는 것처럼 보일까 봐도 걱정이다.

요즘은 윗사람도 아랫사람을 대하기가 어렵다. 무슨 말이나 행동을 하기 전에 '갑질'처럼 보일까 봐 걱정되기 때문이다. 상급자가 하급자와 업무 피드백 시간을 가질 때, 특히 A 씨의 사례와 같이 부하 직원에게 업무상 부정적인 질책을 해야 할 때에는 무엇을 어디까지 조심해야 하는 것인지 불분명하다.

도대체 어디까지가 직장 내 괴롭힘일까? 기분 나쁘면 괴롭힘일까? 법이 알려주는 직장 내 괴롭힘의 정의와 사례를 알아보고, 최근 경향까지 살펴보자.

윗사람이 아랫사람을 괴롭혀야 직장 내 괴롭힘이다

회사에서 날 힘들게 하는 사람이 누군지 생각해보자. 회사 대표가 나를 탐탁지 않게 생각할 때, 회사의 신임을 받는 팀장이 미팅 때마다 나를 '저격'할 때, 신입 인턴이나 옆자리에 앉은 동료가 나를 향해 비속어를 사용할 때. 뭐든 기분은 나쁘겠지만 아무래도 동료나 부하 직원보다는 상사나 대표가 나를 힘들게 할 때 쉽사리 반격하지 못하는 나 자신을 발견하게 될 것이다.

법은 이럴 때 발동한다. 편안한 관계에서 발생한 갈등은 알아서 해결하도록 자율에 맡기지만, 내가 원하는 대로 문제를 해결하기가 힘든, 감히 도전하기 힘든 사람과의 관계에서 일어난 일은 법이 도와준다.

직장 내 괴롭힘은 기본적으로 가해자와 피해자의 관계가 동등하지 않을 때 일어나는 것을 의미한다. 가해자가 지위나 관계상의 우위를 이용해서 괴롭힌 상황을 직장 내 괴롭힘이라고 하는 것이다. 여기서 우위라는 것은 단순히 직급상의 상급자와 하급자만을 말하는 건 아니다. 나이, 학벌 등 여러 조건을 고려할 수 있다. 핵심은 '서로 대등하지 않은 관계에 있는지'와 가해자가 '그 지위를 이용해서 괴롭혔는지' 여부다.

직급상으로는 나와 동등한 지위에 있는 동료가 만약 대표의 가족이라면 어떨까? 당연히 그 동료의 눈치를 보기 마련이다. 이런 경우는 직급이 같아도 나보다 우위에 있는 사람이라고 볼 수 있다. 나보다 나이가 많거나 경력이 더 오래된 사람도 마찬가지다.

법조문에 따르면 관계상 우위에 있는 사람이 그 지위를 이용해서 괴롭힐 때만 직장 내 괴롭힘이 되고, 지위를 이용하지 않으면 직장 내 괴롭힘이 아니라고 한다. 하지만 이는 실제 상황에서 지위를 이용한 것인지 아닌지 구분하기 쉽지 않아 큰 의미가 없다. 기울어진 관계는 언제 어떤 상황에서든 기울어져 있는 경우가 많기 때문이다.

1부 직장 생활을 할 때

기분 나쁜 모든 일이 직장 내 괴롭힘일 수는 없다

회사는 사이좋게 지내라고 있는 공간이 아니라 함께 일하는 것을 목적으로 하는 곳이다. 그러다 보니 직장인이라면 누구나 일하면서 쓴소리를 해야 할 때도, 들어야 할 때도 있다. 모두의 주목을 받는 성과를 달성하며 우쭐해지는 날도 있고, 의도치 않은 실수나 오해로 질책을 받는 날도 있기 마련이다. 당연히 업무상 필요한 질책까지도 직장 내 괴롭힘이라고 한다면 회사가 존속할 수 없을 것이다.

업무상 필요하고 적절한 수준이라면 다소 상대방의 기분을 상하게 하는 일이라도 허용된다. 여기서 중요한 것은 그 수준이 어느 정도냐는 것이다. 업무와 관련된 것이라면, 이유와 방법이 합리적이고 타당한지가 중요하다. 예를 들어 업무 능력이나 성과에 대해서 부정적인 평가를 할 때, 정확한 근거가 있다면 괴롭힘이라고 보기 어렵다. 반면, 타당한 근거로 질책하더라도 다른 동료들이 들을 수 있는 공개적인 장소에서 비아냥거리면서 한다면 괴롭힘이 된다.

사내에서 발생한 갈등이라 해도 업무와 무관하게 발생한 일이라면 직장 내 괴롭힘이 아니다. 실제로 업무 관련성이 없어 회사가 책임질 필요가 없다는 판결을 받은 사례가 있다. 피해자가 동료와 근무에 관한 대화를 나누고 있었는데, 가해자가 그 대화에 끼어들자 피해자는 가해자에게 참견하지 말라고 하였다. 이에 화가 난 가해자는 피해자에게 욕설을 하며 협박하였고, 밤늦은 시간에 퇴근하는 것을 기다렸다가 여러 차례 폭언과 협박을 한 것이다.

법원은 위의 사례에서 직장에서 일어나는 모든 인간관계의 갈등 상황에 대해서 회사가 조치해야 하는 것은 아니라고 판단했다. 어떤 문제 상황이 직장 내 괴롭힘이 된다면, 회사가 이에 대해서 적극적으로 조치할 의무가 생기는데, 이는 회사가 관리할 수 있는 범위 안에서 발생한 문제 행위여야 한다는 것이다(직장 내 괴롭힘과는 별개로 피해자는 가해자에 대해서 민형사상 책임을 물을 수 있다).[•]

한편, 업무와 간접적으로 관련된 문제 상황은 '의무가 아닌데 강요하는 상황'이 많다. 야근이나 회식을 강요한다거나, 업무와 무관한 사적인 일을 지시한다거나, 사생활에 개입하는 행동 등이 있다. 중요한 것은 위와 같은 요구를 거절하기 힘든 상황이어서 실질적으로 '강요' 수준이 되어야 한다는 점이다.

• 서울중앙지방법원 2020. 6. 1. 선고 2019나24567 판결.

직장 내 괴롭힘으로 인정된 사례

가해자(하급자), 피해자(상급자) 및 최상급자인 과장 단 3명으로 구성된 조직에서, 하급자가 과장과 합세하는 방법으로 나머지 상급자에게 사내 메신저를 통해 욕설 및 성희롱 행위를 연달아 저지른 사례에서, 가해자는 하급자임에도 최상급자인 과장과 합세하여 피해자에 대한 지위 및 관계상 우위를 점하였고 이를 이용하여 괴롭힌 것이라고 판단한 사례.
(서울행정법원 2020구합74627 사건)

회사의 이사가 계약직 여직원을 상대로 한 "너는 피부가 하얗다. 몸매가 빼빼 말랐는데, 요즘은 살이 쪘다.", "네 다리가 가늘고 새하얗다. 화이트닝 크림을 바르냐? 몸에 잔털을 쉐이빙하냐?", "너 요즘 남자친구가 생겼냐? 왜 이렇게 살이 쪘냐? 일도 제대로 안 하고 정신은 다른 데 팔려 있지"라는 발언 및 나뭇가지를 회초리 삼아 엉덩이를 때린 행위를 직장 내 괴롭힘으로 인정한 사례.
(대법원 2020다270503 손해배상 사건)

상사로부터 괴롭힘에 시달리던 근로자가 직장 내 괴롭힘을 신고하였는데, 그 조치 과정에서 신고 사실이 알려졌다. 그때부터 상사의 괴롭힘이 더욱 심해졌고, 회사는 가해자에게 경위서만을 받고 피해자는 먼 거리의 근무지로 전보명령을 한 사안에서 직장 내 괴롭힘을 인정한 사례.
(대법원 2022. 7. 12. 자 2022도4925 결정)

회사의 이사가 빈번하게 폭언을 일삼았고, 근로자가 이에 대해 상시적으로 괴로움을 호소하여 대표이사가 이를 인지하고 있던 사례.
(수원지법 안산지원 2021. 1. 29. 선고 2020가단68472)

직장 내 괴롭힘으로 인정되지 않은 사례

상급자가 직원이 제출한 보고서 3건을 수차례 수정·반려 처리하였고, 이로 인해 해당 직원이 불면증 등 스트레스를 받아 심각 단계에 해당하는 심리검사 결과가 나왔으며, 상급자가 승강기 내에서 '돼지비계'라는 표현을 하였다는 주장에 대해, 보고서를 반려하는 경우 반려 사유를 기재하거나 구두로 설명하였고, '돼지비계'라는 표현을 사용한 사실이 없거나 있더라도 양 당사자의 관계, 발언 횟수, 당시 상황, 발언 의도 등을 고려했을 때 직장 내 괴롭힘으로 인정할 수 없다는 사례.

(울산지방법원 2021. 4. 15. 선고 2020구합330 판결)

피해자가 가해자에게 참견하지 말라고 하자 화가 난 가해자가 피해자에게 욕설을 하며 협박을 하였고, 밤늦은 시간에 퇴근하는 것을 기다렸다가 여러 차례 폭언과 협박을 가한 사례.

(서울중앙지방법원 2020. 6. 1. 선고 2019나24567 판결)

직장 내 괴롭힘 방지법은 시행된 지 5년 정도밖에 되지 않았다. 업무 사례가 많이 쌓이지 않았기에 실제로 직장 내 괴롭힘 사건이 발생했을 때 어떻게 대응해야 하는지 잘 모르는 경우가 많다. 이것은 피해자도, 회사도 마찬가지다. 꼭 알아야 할 핵심적인 부분을 챙겨보자.

피해자는 회사에 먼저 신고해야 한다

직장 내 괴롭힘 방지법은 직장 내 괴롭힘이 발생했을 때 사법기관이나 준사법기관인 노동 기관이 바로 출동하게 하는 법이 아니다. 이들은 피해자가 회사에 피해 사실을 알렸음에도 적절한 조치가 이루어지지 않았을 때 움직인다. 따라서 회사의 고충 처리 부서 등 직장 내 괴롭힘 신고 접수 업무 담당자가 있을 때에는 그곳에, 작은 기업이라 부서가 따로 마련되어 있지 않다면 대표이사에게 직장 내 괴롭힘 발생 사실을 신고하는 것부터 시작해야 한다.

회사가 제대로 된 조치를 하지 않으면
근로기준법 위반으로 신고할 수 있다

피해자가 회사에 직장 내 괴롭힘을 신고하면, 회사는 지체 없이 조사하여 실제로 그러한 사실이 있었는지 확인해야 한다. 만약 괴롭힘 사실이 확인되었다면 가해자를 징계하는 등 적절한 조치를 해야 하는데, 이것은 근로기준법상의 의무이다. 따라서 회사가 아무것도 하지 않는다면 피해 근로자는 근로기준법 위반을 이유로 고용노동부에 신고할 수 있다.*

---

* 근로기준법 제76조의3(직장 내 괴롭힘 발생 시 조치) ⑤ 사용자는 제2항에 따른 조사 결과 직장 내 괴롭힘 발생 사실이 확인된 때에는 지체 없이 행위자에 대하여 징계, 근무장소의 변경 등 필요한 조치를 하여야 한다. 이 경우 사용자는 징계 등의 조치를 하기 전에 그 조치에 대하여 피해근로자의 의견을 들어야 한다.

징계를 앞둔 근로자가 직장 내 괴롭힘 신고를 했다면?

근로기준법은 회사가 직장 내 괴롭힘의 피해 근로자에게 '불리한 처우'를 하면 안 된다고 정하고 있다. 회사가 피해자에게 보복성 조치를 하는 것을 막으려는 것인데, 이것을 위반하면 최대 3년 이하의 징역 또는 3,000만 원 이하의 벌금에 처해질 수 있다.

그런데 다른 사건으로 징계 대상자가 된 근로자가 동시에 직장 내 괴롭힘의 피해자가 되어 직장 내 괴롭힘을 신고하는 경우가 있다. 이렇게 동일한 근로자에 대한 법의 보호와 징계가 충돌할 경우, 회사가 징계 절차를 밟아도 되는 것인지, 아니면 그를 피해자로 보호해야 하는 것인지 판단하기 어려울 수 있다.

직장 내 괴롭힘 사례는 아니지만 유사하게 적용할 수 있는 직장 내 성희롱 사례가 있다. 직장 내 성희롱 피해자가 다른 사유로 징계 대상자가 된 경우에는, 징계 조치를 하더라도 이는 직장 내 성희롱 피해자를 불리하게 처우한 것은 아니라는 판례이다. 따라서 인사 담당자는 걱정 없이 징계 절차를 진행하면 될 것이다.

• 대법원 2019. 10. 31. 선고 2017다276617 판결: "불리한 조치라 함은 직장 내 성희롱 그 자체 내지 이에 대한 피해 근로자의 문제제기 등과 관련한 것이어야 하고 불리한 조치를 하게 된 다른 실질적인 이유가 있는 경우는 이에 해당하지 않는다고 봄이 타당하다."

회사가 불리한 처우를 할 경우 징역까지 살 수 있다

최근 직장 내 괴롭힘 방지법과 관련하여 법조계에서 가장 이목을 끈 사건은, 검찰이 벌금형을 구형했음에도 법원이 무려 징역형을 선고한 사건이었다.

피해 근로자 A 씨가 가해 근로자 B 씨로부터 ① 신고식 명목으로 회식비 지급을 강요, ② "차에 갈려서 박살나라", "눈알이 다 빠져라", "그놈의 X을 빨았나, 그게 좋았었나. 그러니까 착 달라붙어서 거기까지 간 거지" 등의 폭언, ③ 수당을 적게 받도록 업무 시간 배정, ④ 해고를 빌미로 통화 내역서 제출 강요, 사직서 제출 강요 등의 피해 사실을 겪었고, 이를 회사 대표에게 알렸다.

위 사건에서 기가 막힌 점은 가해자 B 씨와 회사의 초기 대응이다. 직장 내 괴롭힘 피해 사실을 듣는 간담회에서 B 씨 측이 피해 근로자들의 진술을 녹음하여 이를 B 씨에게 전달하였고, B 씨는 이를 증거 삼아 A 씨를 명예훼손으로 고소했다. 한편, 폭언에 시달리던 A 씨가 이를 회사에 알리기 위해 결근하고 회사에 내용증명을 발송하여 직장 내 괴롭힘을 신고했는데, 회사는 무단결근을 이유로 A 씨를 해고했다.

이후 회사는 A 씨를 다시 복직시키기는 하였지만, B 씨에게는 경위서만을 받고, A 씨는 대중교통으로 출퇴근이 어려운 지역으로 전보 배치를 하였다. A 씨는 가족의 병간호를 하고 있어 해당 지역으로 출근하는 것이 어려운 상황이었다. 결국 이 사건은 법원의 판단을 받게 되었는데, 최종 징역 6월에 집행유예 2년을 선고받았다.

이처럼, 최근 직장 내 괴롭힘의 판결 경향은 사내에서 발생한 괴롭힘에 두 손 놓고 있는 사업주를 강하게 처벌한다는 것이다. 사업주는 근로자에게 안전하게 일할 수 있는 환경을 제공해야 한다는 것을 잊지 말아야 한다.

3장

회사 몰래 투잡을 뛰면 불법인가요?

C 씨는 여느 직장인과 마찬가지로 오전 9시부터 저녁 6시까지 근무하는 평범한 직장인이다. 오래 다닌 직장이라 동료들과 개인적인 이야기도 많이 할 정도로 가깝다. 하지만 그런 C 씨가 동료들에게 절대 비밀로 하고 있는 것이 하나 있다. 바로 퇴근 직후 다른 직장으로 다시 출근한다는 사실이다. 동료 중 아무도 투잡을 하지 않고, 왠지 회사에 투잡 사실이 알려지면 회사 일에 집중하지 않는다고 여겨져 인사고과를 불리하게 받을 것이 걱정되었기 때문이다.

C 씨는 내심 비밀로 해야 한다는 현실에 억울한 기분도 들었다. C 씨가 하는 일은 집 근처 호프집에서 서너 시간 정도 서빙을 하는 것이 전부다. 회사와 동종 업체도 아니고, 근무 시간도 짧다. 얼마 전 결혼한 뒤 경제적인 책임감을 크게 느끼게 되어 젊을 때 많이 일해서 돈을 모으자는 생각으로 하게 된 것인데, 단지 열심히 사는 것인데도 회사 눈치를 봐야 하는 현실이 서럽게 느껴졌다.

투잡을 하든 스리잡을 하든 내 자유다

본업을 유지한 채 다른 직업을 갖는 투잡, N잡이 보편화되고 있다. 과거에는 시간을 쪼개서 할 수 있는 육체노동인 아르바이트나 배달, 대리운전 등을 주로 했다면 최근에는 온라인 공간을 활용한 부업이 대세다. 블로그나 인스타그램, 유튜브 등 자신만의 콘텐츠를 활용한 수익 활동은 상대적으로 육체적 부담이 작고, 시간을 활용하기가 좋아 많은 사람들이 부업으로 선택하고 있다. 뿐만 아니라 시간당 정해진 급여를 받는 기존 부업에 비해 노동 대비 더 많은 수익을 기대할 수도 있어서 인기다.

자신만의 경험과 지식을 파는 콘텐츠 시장은 점점 활성화되어 요즘에는 이를 전문적으로 중개하는 플랫폼도 쉽게 찾아볼 수 있다. 내가 사는 지역에서 활동하는 과외 교사나 이사 서비스 등을 제공하는 사람 또는 업체를 찾을 수 있는 플랫폼 숨고, 실무 노하우를 VOD로 만들어서 제공하는 패스트캠퍼스나 클래스101 등 온라인 교육 콘텐츠 등이 그 예이다. 심지어 중고 물품 거래 플랫폼인 당근마켓에서도 부업을 구할 수 있다.

최근 쿠팡 등 이커머스 플랫폼은 온라인에서 활동하는 고객이 플랫폼에서 판매하는 제품을 홍보해주고, 그 홍보를 통해 실제로 매출이 발생하면 거래액의 일부를 수익으로 나누어주는 파트너 정책을 실시하고 있다. 이런 파트너 활동을 적극적으로 하여 부수입을 얻는 사례도 많다. 이 중 어떤 종류가 되었든 본업이 아닌 활동을 통해 수익을 얻는다면 그것이 바로 투잡이다. 투잡의 범위는 생각보다 아주 넓다.

투잡이 불법이라면 이 모든 것이 가능할 리 없다. 실제로 투잡 그 자체는 불법이라고 할 수 없다. 무엇으로 부업을 하여 돈을 벌 것인지는 온전히 개인의 자유다. 그 법적 근거는 무려 최상위 규범인 헌법이다. 한 사람이 여러 개의 직업을 갖는 것은 헌법으로 보장된 직업 선택의 자유에 따른 행동이다. 따라서 원칙적으로 누구나 부업을 할 수 있다.

회사에서 금지하는 것으로 알고 있었는데?

회사에 고용되어 월급을 받고 일하는 근로자라면 입사할 때 근로계약을 체결했을 것이다. 근로자는 모두 이 근로계약상 의무를 진다. 일반적으로 근로계약서에는 시업 시간과 종업 시간이 정해져 있다. 근로자는 누구나 근로계약에서 정한 대로 근무 시작 시간부터 끝나는 시간까지는 성실하게 근로를 제공해야 한다. 하지만 근무 시간이 아니라면 그 시간은 온전히 근로자의 사적인 영역이기 때문에 근로계약상 의무를 지지 않는다. 사생활의 영역에서 근로자가 다른 사업을 하든, 다른 곳에서 근무하든, 회사가 관여할 바가 아니라는 것이다.

하지만 실제로 많은 근로자는 투잡이 금지되는 것으로 알고 있다. 이는 많은 회사가 취업규칙이나 근로계약서에 투잡 금지 조항을 포함하고 있기 때문이다. 이를 겸직금지 또는 겸업금지 조항이라고 한다. 그렇다면 겸직금지 조항은 불법인 걸까?

이에 대해서는 명확한 판례가 있다. 판례에 따르면, 퇴근 이후 시간은 사생활의 범주이기 때문에 그 시간에도 다른 일을 하지 못하도록 전면적·포괄적으로 겸직을 금지하면 이는 근로자의 기본권을 침해한 것이어서 부당하다. 다만 근로자의 겸직 활동이 무제한으로 인정되는 것은 아니다. 회사 업무에 지장을 주거나 기업 질서에 해를 끼친다면 그 범위에서는 제한할 수 있다.*

즉 겸직금지 조항은 제한적으로 유효하고, 그 범위는 부업이 본업에 부정적인 영향을 주는 범위라고 할 수 있다. 만약 회사의 취업규칙이나 근로계약서 등에 겸직금지의 범위를 제한하지 않고 "겸직 불가"라고만 적혀 있다면 이것은 효력이 없을 가능성이 높다. 따라서 회사는 겸직하고 있는 근로자에게 위 규정을 근거로 징계를 하기 어려울 것이다.

일반적으로 사기업이 겸직·겸업금지 조항을 적용하는 이유는 대부분 보안이나 질서 관리 때문인 경우가 많다. 겸직이나 겸업을 하는 과정에서 경쟁 업체에 기업의 중요한 정보가 유출될 우려가 있고, 겸직 근로자가 본업을 등한시하는 등의 업무태만에 빠질 우려가 있으며, 이러한 상황이 누적되면 사내

• 서울행정법원 2001. 7. 24. 선고 2001구7465 판결: "원고는 참가인이 회사 재직 중임에도 불구하고 사적으로 다방영업을 수행하였다는 것을 징계사유로 들고 있으나, 근로자가 다른 사업을 겸직하는 것은 근로자 개인능력에 따라 사생활의 범주에 속하는 것이므로 기업질서나 노무제공에 지장이 없는 겸직까지 전면적, 포괄적으로 금지하는 것은 부당하다."

1부 직장 생활을 할 때

질서가 문란해진다는 것이다. 회사 입장에서 위와 같은 사유는 부정적인 영향을 미칠 수 있는 합당한 근거가 된다. 따라서 근로자가 별도의 사업체를 운영하면서 자신의 직무나 직위를 부당하게 이용하거나, 경쟁 업체를 설립하면서 본업에서 얻은 정보와 노하우를 이용한다거나, 다른 일을 하는 과정에서 회사에 해를 주는 경우가 발생한다면 징계 사유가 될 수 있다. 대부분의 대기업도 비슷한 이유로 겸직을 금지하고 있다.

공무원, 투잡이 금지되는 대표적 사례

공무원의 경우 국가공무원법에 따라 매우 엄격하게 겸업이 금지된다. 공무원은 국민 전체의 봉사자로서 공무 외의 영리 활동으로 직무 능률이 떨어지거나 공무에 부당한 영향을 끼쳐서는 안 된다는 것이 그 이유다. 국가공무원법에서 겸직이 금지되는 업무의 범위를 열거하고 있기는 하지만, 그 내용을 보면 사실상 돈을 벌 수 있는 대부분의 행위가 금지된다.

겸직은 물론이고 직무 관련성이 있는 기업에 투자하는 것도 제한된다. 공무원의 투잡은 절차적으로도 제한된다. 공무원이 겸직을 하고 싶다면 사전에 별도의 겸직 허가를 받아야 한다.*

우리가 쉽게 생각하는 개인 유튜브 방송은 어떨까? 이것도 소속 기관장의 허가가 있어야 수익 활동을 할 수 있다. 인사혁

신처가 발표한 '공무원의 인터넷 개인 방송 활동 표준지침'에 따르면, 공무원이 인터넷 개인 방송 활동으로 각 플랫폼에서 정하는 수익 창출 요건을 충족하고 이후에도 계속 활동하고자 한다면 소속 기관의 장에게 겸직 허가를 신청해야 한다. 예를 들어 유튜브의 경우, 수익 창출 요건이 기존에는 "구독자 1,000명 또는 연간 재생 시간 4,000시간 이상"이었으나, 최근에는 "구독자 1만 명 및 지난 365일간 긴 형식 공개 동영상의 시청 시간 4,000시간" 또는 "지난 90일간 공개 숏츠 동영상의 조회 수 1,000만 회"를 충족하는 것으로 바뀌었다.

공무원이 겸직 허가를 받으면 일반적인 유튜버처럼 활동할 수 있을까? 대부분의 인기 유튜버는 업체 등으로부터 협찬을 받아 특정 물품을 홍보하는데, 이러한 협찬 활동은 그들의 주 수입원이기도 하다. 그러나 공무원이 위와 같은 협찬 활동을 한다고 하면 애초에 겸직 허가를 받기 힘들다.

- 국가공무원법 제64조(영리 업무 및 겸직 금지) ① 공무원은 공무 외에 영리를 목적으로 하는 업무에 종사하지 못하며 소속 기관장의 허가 없이 다른 직무를 겸할 수 없다. ② 제1항에 따른 영리를 목적으로 하는 업무의 한계는 대통령령으로 정한다. 국가공무원 복무규정 제25조(영리 업무의 금지) 공무원은 다음 각 호의 어느 하나에 해당하는 업무에 종사함으로써 공무원의 직무 능률을 떨어뜨리거나, 공무에 대하여 부당한 영향을 끼치거나, 국가의 이익과 상반되는 이익을 취득하거나, 정부에 불명예스러운 영향을 끼칠 우려가 있는 경우에는 그 업무에 종사할 수 없다. 1. 공무원이 상업, 공업, 금융업 또는 그 밖의 영리적인 업무를 스스로 경영하여 영리를 추구함이 뚜렷한 업무. 2. 공무원이 상업, 공업, 금융업 또는 그 밖에 영리를 목적으로 하는 사기업체(私企業體)의 이사·감사 업무를 집행하는 무한책임사원·지배인·발기인 또는 그 밖의 임원이 되는 것. 3. 공무원 본인의 직무와 관련 있는 타인의 기업에 대한 투자. 4. 그 밖에 계속적으로 재산상 이득을 목적으로 하는 업무.

1부   직장 생활을 할 때

결론적으로 공무원처럼 특수한 경우가 아니라면 회사 업무에 지장을 주지 않는 범위에서 투잡이든 스리잡이든 자유롭게 할 수 있다.

일반적이지는 않지만, 최근 젊은 기업들은 소속 직원들이 자신의 업무 경험을 강의 콘텐츠로 제작하여 수익을 실현하는 활동을 장려하기도 한다. 회사를 홍보하는 효과가 있다는 점에서 긍정적으로 생각하는 것이다. 많은 기업이 유연하고 열려 있는 사고로 변화하는 사회 분위기에 발맞추어 발전하기를 기대해본다.

4장

에어팟 끼고 일하는 게
문제가 되나요?

쿠팡플레이 오리지널 예능 〈SNL 코리아〉 시즌 3에서 단연 화제였던 'MZ 오피스.' 그중 가장 인기를 끈 장면은 이른바 '맑은 눈의 광인'으로 불리는 젊은 사원이 팀장에게 한 발언이다. 팀장은 무선 이어폰으로 노래를 들으며 업무 중인 사원을 보다 못해 그에게 조심스럽게 업무 중에는 에어팟을 빼는 것이 좋지 않겠느냐고 말한다. 그러자 사원은 당황하는 기색 없이 "에어팟을 끼고 일해야 능률이 올라가는 편입니다"라고 말하며 하던 업무를 한다.

방송 이후 이 장면이 엄청난 화제가 되었다. "요즘 젊은 직원들은 이래서 안 된다"며 젊은 세대를 'MZ 세대'로 부르고 '개념 없는 것'들로 비하하는 사람들이 있는가 하면, "회사에서 일만 잘하면 되지, 나도 노래 들으며 일할 때 더 일이 잘되는데 뭐가 문제냐"면서 이걸 지적하는 상사를 '꼰대' 취급하는 사람도 있다. 물론 이런 갈등 자체를 안타까워하는 사람들도 많았다. 어쨌든 'MZ 오피스'가 이렇게 화제가 된 것은 그만큼 직장에서 세대 간 문화 차이로 갈등을 겪는 사람이 많다는 방증일 것이다.

무선 이어폰을 끼고 업무를 하는 것이 실제로 문제가 될 수 있을까? 이 일로 징계를 한다면 부당한 징계일까? 비슷한 쟁점으로 '근무 시간에 출근 브이로그 촬영하기', '업무 시작 10분 전까지 출근하기', '헤어롤 말고 근무하기' 등이 있다. 언뜻 보면 법적으로 해결할 만한 쟁점이 아닐 것 같지만 알고 보면 법률적인 쟁점이 곳곳에 숨어 있다. 하나씩 살펴보자.

에어팟을 끼고 일하면 징계감일까?

상식적으로 생각해보더라도 회사가 어떤 직원이 무선 이어폰을 착용한 채 근무한다는 사실만으로 그를 징계할 수 없다는 것은 다들 알고 있을 것이다. 다만 지금 근무하는 회사의 취업규칙은 한 번씩 확인하길 바란다. 취업규칙이란 사업장에서 근로자가 따라야 할 복무규율 및 근로조건, 즉 업무의 시작과 종료 시각, 휴가에 관한 사항, 임금 및 수당에 관한 사항 등을 정한 규범을 말한다. 사업주는 취업규칙에 근거하여 징계 여부와 그 수준을 정할 수 있고, 이는 회사가 상당한 재량권을 가지고 있는 영역이다.

무선 이어폰을 착용하는 것 자체로는 문제 될 일이 없을 것이다. 하지만 이로 인해 업무에 지장이 발생한다면 그 정도에 따라 근무태만으로 여겨질 수 있다. 요즘 무선 이어폰은 외부의 잡음을 상쇄하거나 차단하는 기술(노이즈 캔슬링)을 탑재한 경우가 많아서 사무실에서 육성으로 업무를 지시하거나, 업무 관련 공지를 듣지 못한 채 지나칠 수 있다. 이런 일이 반복되어 회사로부터 지적을 받았는데도 개선되지 않는다면 이는 충분히 징계로 이어질 수 있다.

헤어롤을 말고 일하면?

우선, 근로기준법에는 출근 및 근무 복장에 관한 규정이 없다. 그렇다면 회사에서 어떤 차림으로 있어야 하는지를 정하고, 이를 따르지 않았을 때 징계하는 것은 법적으로 근거가 없는 불법행위인 걸까? 은행이나 항공사 등 회사가 지정한 유니폼을 입고 근무하는 곳은 무슨 근거로 복장을 규율하는 것일까? 직원의 복장 지침과 관련하여 대법원에서 판단한 사례가 있다.

항공사 기장으로 근무하던 B 씨는 턱수염을 기르고 있던 중 사내에서 임원을 마주쳤다. 임원은 B 씨에게 턱수염을 기르는 것이 사내 용모 규정에 위배되므로 면도를 하라고 지시하였으나 B 씨는 면도를 하지 않았다. 그러자 회사는 B 씨에게 비행 금지 처분을 내렸고, B 씨는 결국 면도를 한 뒤 29일 만에 업무에 복귀할 수 있었다. 이에 대해 B 씨는

"외국인 직원과 달리 한국인 직원만 수염을 기르지 못하게 하는 것은 차별적인 규정"이라면서 서울지방노동위원회에 구제신청을 했다.

B 씨의 사건은 어떻게 되었을까? 서울지방노동위원회는 B 씨의 신청을 기각하였지만, 중앙노동위원회는 "내국인 승무원의 수염을 기르는 것을 금지하는 취업규칙은 합리적 이유 없이 내국인과 외국인 직원을 국적을 기준으로 차별함으로써 헌법 제11조와 근로기준법 제6조가 규정한 평등원칙에 위반된다"라면서 B 씨의 손을 들어줬다. 회사가 불복하여 상고했지만 대법원에서도 B 씨의 신청을 인용하며 이 사건은 B 씨의 승리로 확정되었다.*

항공사 직원은 복장이 곧 회사의 상징이기도 한데, 부당한 것이라니 그럼 모든 회사가 복장을 강요할 수 없다는 것일까? 그렇지 않다. 위 판례의 핵심은 회사의 용모단정 규정 자체가 불법이라고 판단한 것은 아니라는 점이다.

판례에 따르면 사기업이 필요에 따라 취업규칙으로 직원의 용모와 복장을 제한하는 것은 가능하다. 다만 이러한 취업규칙이 무제한 허용되는 게 아니라, 업무상 필요성과 근로자의 권리(헌법상 기본권)를 서로 비교했을 때 균형을 이루어야 한다고 보는 것이다. 즉 업무상 불필요할 정도로 과도한 복장 규정을

• 대법원 2018. 9. 13. 선고 2017두38560 판결.

강요할 수는 없다는 것이다.

위 사례에서, 항공사의 용모 규정은 외국인을 제외한 모든 기장이 면도를 해야 한다고 규정하고 있다. 그런데 이것은 외국인 직원과 근거 없이 차별하는 것인 데다 회사의 업무상 필요성을 고려하더라도 직원의 기본권인 '일반적 행동자유권'을 과도하게 침해하기 때문에 부당하다는 것이다.

결론적으로 헤어롤을 말고 일하는 것도 본인이 담당하는 업무의 특성과 회사의 사내 문화상 제한될 필요성이 있는 것이 아니라면 가능한 일이다.

출근 브이로그 찍어도 되나요?

그야말로 마이크로 브랜딩의 시대다. 요즘은 누구나 유튜브, 인스타그램 등 개인 SNS 채널을 통해 타인이 관심을 가질 만한 자신만의 콘텐츠를 쌓고 널리 알린다. 특별한 장기가 없어도, 남다른 직업을 가지고 있지 않아도 괜찮다. 회사원도 그 회사에서 경험한 자신만의 일상과 깨달음 등을 공유하면서 구독자들에게 어떤 가치든 제공할 수만 있다면 자신을 브랜드로 만들고 수익을 실현할 수 있다. 이렇게 자신의 일상을 동영상으로 촬영하여 온라인에 게시하는 콘텐츠를 브이로그라고 한다.

직장인 브이로그가 처음 등장했을 때는 단순히 출근하는 모습 등을 보여주는 식으로 출발했지만, 이제는 합격자의 입사 면접 후기라든가, 특정 부서에 근무 중인 직장인이 자신의 업무 환경을 보여주는 등 외부인이 알기 어려운 구체적인 정보를 공유하는 수준에 이르렀다.

워낙 흔한 콘텐츠라 아무런 사전 준비 없이 촬영 버튼부터 누르는 사람들이 있는데, 주의해야 한다. 직장인 브이로그를 시작하기 전에 반드시 확인해야 할 법적 쟁점이 있다. 직장인 브이로그는 크게 세 가지 법적 쟁점이 있다. 사내 복무규정에 따라 브이로그 촬영이 금지되는 경우, 브이로그에 회사 동료 등 타인이 촬영되는 경우, 겸직·겸업금지에 해당하는 경우가 그것이다.

앞에서도 언급했지만, 일단 입사하면 그 회사의 취업규칙을 잘 확인해야 한다. 회사는 사내 질서 유지와 기밀 유출 방지 등을 이유로 회사 내부에서 어떠한 촬영도 할 수 없도록 금지하는 경우가 있다. 이런 경우 사전에 회사의 허가를 꼭 받아야 한다. 그렇지 않으면 징계 대상이 될 수 있는 것은 물론이고, 중요한 정보가 외부에 공개되어 회사에 손해를 입혔다면 손해배상까지 해야 할 수 있기 때문이다. 브이로그가 노출된 이상 명확한 증거가 남는 것이니 손쓸 방법도 거의 없을 것이다.

둘째는 초상권 문제다. 회사 안에서 영상을 촬영하다 보면 어쩔 수 없이 주변에 있는 동료들이나 지나가는 사람들이 촬영물에 담기기 마련이다. 직장 동료로부터 사전에 동의를 받지 않은 상태에서 신체 또는 신체의 일부를 촬영한다면 그의 초상권을 침해한 것이 될 수 있다.

초상권 침해의 기준은 제3자가 보았을 때 누구의 신체인지 식별할 수 있는 정도이다. 꼭 신체 전체나 얼굴이 등장하지 않더라도, 일부만으로도 누군지 알아볼 수 있다면 초상권이 침해된 것이다.

동료의 초상권을 침해하지 않으려면, 사전에 동의를 받으면 된다. 이때 촬영에 대한 동의만이 아니라 추후 자신의 SNS 채널에 공개된다는 점도 분명히 밝혀야 한다. 촬영에 대한 동의와 공개에 대한 동의는 별개이기 때문이다.

이동하는 사람이 많은 곳이라 사전에 동의를 받기 어려운 경우, 사후에 모자이크 처리를 하는 것은 어떨까? 촬영에 대한 동의와 공개에 대한 동의를 별도로 받아야 하기 때문에 사후 모자이크 처리는 엄밀히 말하면 완벽히 합법적인 것은 아니다. 사실상 무단으로 촬영한 뒤 모자이크라는 방법으로 촬영된 신체를 공개하지 않는 것에 불과하기 때문이다. 모자이크 처리를 완벽히 한다면 공개된 영상만으로 누가 촬영된 것인지 알기 어려워서 사실상 초상권을 침해당한 사람이 이를 모르고 지나가는 것이다. 또한 이 경우 초상권 침해 사실을 증명하기도 어렵기 때문에 현실적으로 법적 분쟁으로 확대되긴 어렵다.

마지막으로, 운영 중인 채널로부터 수익이 창출되고 있다면 겸업·겸직에 해당할 수 있다. 본인이 속한 회사에서 겸업·겸직을 금지하고 있지 않은지 확인하자. 앞서 살펴본 것처럼 퇴근 이후에 다른 수익 활동, 즉 사업이나 유튜브 활동을 하는 것 자체가 불법은 아니다. 이것은 근로자가 사생활 영역에서 개인의 능력에 따라 자유롭게 수행하는 활동이기 때문이다. 실제로 다른 수익사업을 겸하는 것이 징계 사유가 될 수 없다는 판결도 있다.[*]

그러나 이것이 무제한으로 인정되는 것은 아니다. 회사의 업무에 지장을 준다면 근로자의 겸직을 금지하는 것은 가능하고, 이를 이유로 징계하는 것도 당연히 가능하다. 따라서 직장인 브이로거로서 유튜브 채널을 본격적으로 시작할 것이라면 회사의 업무를 소홀히 하지 않는 선에서 계획해야 한다.

9시 출근인데 30분 일찍 오라고 하면 꼰대인가요?

직장인 온라인 커뮤니티에서 정시에 출근해야 하는지, 업무 준비 시간을 고려해서 일찍 출근해야 하는지 갑론을박이 벌어진 적이 있다. 9시 출근으로 명시되어 있으니 9시까지만 도착하면 되는 것이고 일찍 출근하라는 것은 이른바 '꼰대짓'이라는 의견이 있는 한편, 실제로 회사에 정시 도착하더라도 컴퓨터를 켜

• 2001.07.24, 서울행법 2001구7465.

고, 커피를 내리고, 화장실을 다녀오는 등의 시간을 고려하면 실제 업무는 9시 30분쯤 시작하니 더 일찍 도착해야 한다는 의견도 있다.

그렇다면 출근 시간이란 '회사에 도착하는 시간'일까, 아니면 '업무 준비를 마치고 업무를 시작하는 시간'일까? 우선 근로 시간의 개념부터 확인해보자. 회사에 도착하여 사용자의 관리·감독을 받는 시간은 전부 근로 시간이다. 근로 시간은 회사와 근로자가 협의하는 것인데, 일반적으로 입사 절차상 근로계약서에 서명하는 순간 회사가 제시한 근로 시간에 동의한 것이 된다. 따라서 출근 후 커피를 내리는 등으로 업무 준비를 하더라도 그 시간은 근로를 제공하는 시간인 것이다.

문제는 회사가 작업 개시 시간보다 더 이른 시간에 출근하라고 요구할 수 있느냐는 점이다. 여기까지 정독한 독자라면 직장인이 반드시 확인해야 할 문서를 떠올려야 한다. 바로 취업규칙이다. 회사는 조기 출근을 취업규칙에 기재할 수 있고, 직원에게 권유할 수도 있다.

하지만 원래 정해진 근로 시간보다 일찍 출근할 것을 강요한다면 그 시간만큼 수당을 지급해야 한다. 회사가 조기 출근을 강요한다는 뜻은, 조기 출근을 하지 않으면 급여나 인사상 불이익을 준다는 뜻이다. 따라서 특별한 불이익 없이 단순히 권유나 독려를 하는 것은 법적으로 문제 되지 않는다.

5장

회사 비품
어디까지 쓸 수 있나요?

직장인 A 씨는 출근해서 자리에 앉자마자 주말에 보러 가기로 한 콘서트 티켓을 회사 프린터로 출력하고, 비품실에서 사무용품을 2개씩 가져와 하나는 자리에 놓고, 나머지 하나는 가방에 슬쩍 넣는다. 옆자리 동료는 퇴근할 무렵 탕비실에서 티백을 한 움큼 들고 나오다가 팀장과 마주쳤다. 동료는 순간 움찔했지만, 팀장은 쓱 쳐다보더니 별다른 말을 하지 않고 지나갔다. 동료는 자연스럽게 티백 뭉치를 가방에 넣었다.

이제는 다소 한물간 유행어지만 '소확횡'(소소하지만 확실한 횡령)은 여전히 직장인들 사이에서 공감을 사고 있다. 소확횡이란 소소한 사치를 즐기는 데서 오는 행복이라는 의미의 '소확행'(소소하지만 확실한 행복)을 변형한 단어로, 회사 물건을 소소하게 사적으로 소비하면서 만족감을 얻는 행동을 일컫는다. 잘못된 행동인 것 같으면서도 많은 사람이 별생각 없이 SNS에 공개하는 것을 보면 대수롭지 않은 일상 속 일탈로 여겨지는 것 같다.

회사 비품을 슬쩍해도 정말 괜찮은 걸까? 회사 생활에서 늘 마주하는 상황, 어디까지 괜찮은지 알아보자.

회사 비품을 집으로 가져가는 것은 절도

A 씨 사례에서 개인적인 용도로 프린터를 사용하거나, 사무용품과 간식 등을 따로 챙기는 일은 주변에서 흔히 볼 수 있는 소확횡이다. 회사가 업무에 필요해서 제공하는 물건들을 업무와 무관하게 사용하거나 집으로 가져가거나 업무에 사용할 것처럼 받아 가서 업무 외의 목적으로 이용하는 것은 모두 문제가 된다.

다만, 모든 사람이 소소하고 확실한 '횡령'을 저지르는 것은 아니다. 물건의 주인, 그러니까 이 사례에서는 '회사'가 어떤 사람에게 그 물건을 잘 보관하라고 시켰는데, 그 사람이 잘 보관하기는커녕 물건을 가져다 팔아먹었을 때는 횡령죄가 된다. 회사에서 비품을 관리하는 담당자가 비품을 몰래 가져갔다면 업무상 횡령죄로 처벌받을 수 있다.

비품 담당자가 아닌 사람도 안전한 것은 아니다. 업무상 횡령에 해당하지 않을 뿐 절도죄에 해당할 수 있다. '문서 몇 장 출력했을 뿐인데 뭐 어떠냐'고 생각할 수도 있겠지만 훔친 재물의 양과 상관없이 문서 도둑이 되는 데는 변함이 없다.

두 범죄가 처벌받는 수준이 다르다는 정도의 차이가 있기

1부 직장 생활을 할 때

는 하다. 절도죄는 6년 이하의 징역 또는 1,000만 원 이하의 벌금에 처하게 되지만(형법 제329조), 업무상 횡령죄의 법정형은 10년 이하의 징역 또는 3,000만 원 이하의 벌금이다(형법 제356조). 하지만 실제로 소소한 절도와 횡령 때문에 형사 사건이 불거지는 경우는 드물어서 참고로만 알아두자.

하루에 1시간씩 딴짓하는 '월급 루팡'은 도둑인가요?

직원 A 씨는 사내에서 유일한 비흡연자다. 점심 식사를 한 뒤, 담배를 피우고 돌아가겠다는 동료들을 뒤로한 채 A 씨만 먼저 자리로 돌아와 휴대전화 배터리를 충전하기 시작한다. 동료들은 업무 시간 중에도 흡연을 하러 자리를 비운다. 흡연자들은 항상 같이 나가서 잡담을 나누느라 30분 이상 시간을 보낸다. 어느 날 A 씨는 자리를 비운 동료들 때문에 함께 진행하는 업무가 늦어지자 억울한 마음이 차올랐고, '월급 루팡'이라며 건의하려고 마음먹었다.

회사에서 제공한 물건을 개인적으로 사용하는 것은 절도에 해당한다. 그럼 회사가 제공하는 시간, 전기 등은 마음대로 써도 되는 걸까?

유독 한국은 전기를 마치 공공재처럼 인식하는 경향이 있다. 많은 카페에서 추가 비용을 내지 않은 채 콘센트를 이용할 수 있고, 식당에 요청하면 흔쾌히 휴대전화를 충전해주기도 한다. 한국의 직장인들에게 회사에서 개인 휴대전화, 블루투스 이어폰, 아이패드 등 전자기기를 충전하는 것은 어쩌면 당연하게 받아들여지는 일인지도 모른다.

회사에서도 관행적으로 개인 기기를 충전하는 게 일상이기는 하지만, 엄밀히 말하면 이것도 절도에 해당할 수 있다. 우리 형법은 전기도 훔칠 수 있는 물건이라고 보기 때문이다. 법적인 표현으로 '관리할 수 있는 동력'은 훔칠 수 있다고 하는데, '전기'도 관리할 수 있는 에너지이기 때문이다. 따라서 만약 회사의 허락을 받지 않은 상태에서 휴대전화를 충전한다면 전기 절도범이라고 할 수 있다.

매일 흡연하러 자리를 비우는 A 씨의 동료들은 시간 도둑일까? 시간도 관리할 수 있는 동력이라면 훔칠 수 있을 것이다. 하지만 시간 자체를 에너지라고 보긴 어려울 것 같다. 물론 동료들이 근태 불량으로 징계받는 것은 논외다.

사내 절도로도 처벌을 받을까?

소확횡이 일상적으로 일어나는 일이라 실제로 불이익을 입지는 않을 것이라 생각하고 있진 않은가? 안심하기는 이르다. 실제로 소확횡 때문에 법정 다툼까지 간 사례도 있고, 생각보다 적은 금액임에도 문제가 된 사례도 있다. 심지어 노동위원회에서 근로자 편을 들어준 사례가 법정에서 뒤집힌 경우도 있다.

앞에서 본 사례들은 법리적으로 엄격히 판단하면 범죄에 해당하는 것이 맞다. 하지만 회사가 암묵적으로 문제시하지 않거나, 대내외적 분위기를 고려해서 실제 사건화하지 않는 경우가 많은 것일 뿐이다. 재산 관련 범죄에서 피해액이 적을 때, 실제로 유의미한 수준의 처벌이 이루어지지 않기 때문에 유야무야 넘어가는 경우가 많은 것도 현실이다.

하지만 최근 피해액이 적은 소확횡에 대해서 회사의 손을 들어준 사례가 있다. 기아 공장에서는 직원에게 작업용 목장갑을 하루 최대 20켤레씩 지급하고 있었는데, 어느 직원이 목장갑을 100~120켤레 모아두었다가 공장 밖으로 무단 반출하였다. 피해액은 시세로 2만 원에서 5만 원 정도의 소액이었다. 기아는 해당 직원에게 출근정지 30일의 징계 처분을 하였고, 직원은 부당징계라며 구제신청을 하였다. 중앙노동위원회는 부당한 징계라고 판정했으나, 서울행정법원에서 부당한 징계가 아니라고 판결함으로써 기아가 승소했다.

이 판례에서 중요하게 볼 내용은, 회사가 비품을 제공하는 것은 업무에 사용하라고 준 것이지, 단순히 시혜적으로 제공한 것이 아니라는 점이다. 너무 당연한 말 같지만, 사실 비품을 슬쩍하는 행동의 이면에는 '회사가 쓰라고 준 것이니 내 것이다'라는 생각이 깔려 있는 것은 아닐까?

실제로 기업정보 제공 서비스 잡플래닛이 2022년 직장인을 대상으로 한 설문조사에 따르면 회사 비품을 챙겨가는 행위에 대해서는 "회사 볼펜은 어차피 쓰라고 둔 거니 집으로 가져가도 괜찮다"(60%), 회사 간식을 챙겨가는 행위에 대해서는 "직원 먹으라고 둔 거니 챙겨갈 수도 있다"(53%)는 답변이 다수를 이루었다고 한다.* 그런데 판결문 내용을 보면 이러한 직원들 생각과 현실이 다르다는 것을 알 수 있다.

기아 사례에서 직원이 한 주장도 잡플래닛 설문조사와 유사하다. 직원은 "회사가 준 목장갑의 소유권은 나에게 있다. 내 것을 작업장 밖으로 반출한 것이니 문제 될 것이 없다"라고 주장했다. 하지만 법원은 그렇게 판단하지 않았다. "회사는 업무와 무관하게 목장갑을 준 것이 아니라 작업에 필요하기 때문에 지급한 것이고, 회사가 비품을 자율적으로 수령하도록 하고 별다른 감독을 하지 않았던 것은 회사 규모가 크기 때문에 단속이 어려운 현실적인 이유에 의한 것이지 마음대로 반출하라는 뜻이 아니며, 노사 간의 신뢰에 바탕을 둔 것이어서 사내 질서를 유지하는 데 30일간의 징계가 합당하다"라고 판단한 것이다.

이 사례는 사내 징계에 대해서 직원이 반발하면서 소송까지 간 사안이다. 실제로 소확횡이 벌어진 경우, 사내 징계 처분이

• 출처: 잡플래닛 https://www.jobplanet.co.kr/contents/news-3132.

이루어지는 것이 대부분이고 소송 또는 고소로 이어지는 경우
는 드물다. 하지만 일단 법적 절차가 시작되면 직원이 유리할
것이 적은 사례인 만큼 평소에 조심하는 것이 좋다.

다시 되돌려두면 괜찮을까요?

A 씨는 퇴근 후 지인의 생일파티에 가기로 했다. 선물은 미리 준비했는
데, 카드를 아직 쓰지 못한 A 씨는 펜을 가지고 오지 않은 것을 알고서
비품실에서 펜을 꺼내왔다. 회사 비품인 펜으로 카드를 작성하고, 다시
비품실에 펜을 가져다 두었다.

혹시 여기까지 읽고 가슴이 뜨끔한 독자가 있을지 모르겠다.
만약 회사에 있는 물티슈가 너무 잘 닦여서 집에서도 사용하
려고 가져왔다거나, 경리 업무 담당자가 통장 관리를 하고 있
던 것을 빌미로 통장에 있는 돈을 개인적으로 사용한 후 몰래
다시 되돌려 두면 괜찮을까?
도둑질, 횡령 등 이런 종류의 범죄는 재산을 개인적으로 취
득한 순간 범죄가 된다. 이미 성립한 범죄는 그 이후에 다시
회복하더라도 죄가 없어지지 않는다. 단지 이미 저지른 범죄의
형량을 정할 때, 유리하게 참작할 사유로 참고할 뿐이다. 그러
니 처음부터 하지 않는 것이 답이다.

회사 물건을 마음대로 가져가는 것 말고 잠시 개인적으로 사용하고 제자리에 가져다 놓는 것은 어떨까? A 씨 사례처럼 회사 비품을 가지려고 가져온 것이 아니라, 카드 한 장을 쓰려는 생각으로 가져와서 썼다면, 이것도 절도일까?

결론부터 말하자면 이런 행동은 절도가 아니다. 절도란 타인의 소유물을 내가 '소유'하겠다는 의사로 가져가는 행동을 말하기 때문이다. 이것을 법률용어로 '불법영득의 의사'라고 한다. 회사 비품실 박스에서 펜을 여러 자루 꺼내 그중 일부를 '가지려고' 가방에 몰래 넣는 것은 불법영득의 의사로 한 행동이지만, 그 펜으로 편지를 쓰려고 가져왔다가 다시 비품실에 가져다 두는 것은 불법영득의 의사가 없는 행동으로 볼 수 있다. 전자는 절도이지만, 후자는 그렇지 않다. 후자를 '사용절도'라고 한다.

혹시 회사 물건을 가져가서 마음껏 사용한 뒤 다시 돌려놓으면 된다고 생각할까 봐 덧붙이자면, '일시 사용'이 아닐 경우 절도가 된다는 점을 유념해야 할 것이다. 타인의 물건을 마치 내 것처럼 너무 오래 가지고 있었거나, 원래의 경제적 가치가 떨어질 정도로 많이 사용하는 것은 불법영득의 의사가 있는 것으로 보기 때문이다.

A 씨가 편지를 쓰려고 펜을 가져왔는데, 그 펜을 거의 다 쓸 때까지 수백 통의 편지를 썼다면, 더는 사용절도라고 할 수 없는 것이다.

타인의 자동차를 함부로 운전한 뒤 200미터 떨어진 곳에 세워두고 원래 있던 장소에 두지 않는 것도 소유자에게 돌려줄 의사가 없는 것이라고 보아 절도죄가 인정된 사례도 있다.

일하다가 나도 모르게 회사 물건을 가방에 넣고 왔다면 어떨까? '불법영득의 의사'를 잘 이해했다면 바로 답을 말할 수 있을 것이다. 내가 가질 생각으로 가져온 것이 아니라 실수로 가방에 넣은 것이기 때문에 절도가 아니다(실수인지 아닌지를 설득하는 것은 당신의 몫이다!).

6장

웹 크롤링 작업은 불법인가요?

회사에서 '능력자'로 인정받는 N 씨. 그는 항상 새로운 기술을 가장 먼저 배워서 업무에 써먹는 사람으로 유명하다. 과거에는 엑셀이나 프레젠테이션을 잘 다루는 선배가 일 잘하는 멋진 선배였다면 요즘에는 오픈 AI의 챗GPT를 업무에 활용하거나, 개발 지식을 활용하여 업무를 자동화·효율화하는 선배가 뜨고 있다. N 씨는 후자이다. 개발자가 아닌데도 수준급의 개발 지식을 이용하여 온라인상의 많은 데이터를 쉽게 크롤링하기(모아오기)도 하고, 이것을 쉽게 가공하여 분석까지 척척 해내는 것이다. 그러던 어느 날, 승승장구하던 능력자 N 씨는 경쟁사 정보 무단 도용 건으로 사내 법무팀의 호출을 받게 된다.

웹 크롤링이란?

IT 분야의 스타트업, 플랫폼 기업들은 사업에 활용하는 데이터를 확보하기 위해 웹 크롤링web crawling, 또는 웹 스크래핑web scraping 기술을 활발하게 사용하고 있다. 다만 크롤링과 스크래핑을 혼용하는 경우가 많고 여기서는 기술적으로 두 가지 개념을 엄밀하게 구분하기보다는, 인터넷 공간의 데이터를 자동으로 수집하고 활용하는 과정에서 발생할 수 있는 법적 쟁점에 대해 알아보겠다.

웹 크롤링이란 무엇일까? 기술적인 내용은 생략하고 이해하기 쉽도록 설명하자면, 웹상에 있는 많은 정보 중에서 내가 원하는 특정 정보만 뽑아서 모아오는 기술이다. 만약 네이버 쇼핑 페이지에서 '화장품' 카테고리로 판매 중인 제품의 이름과 가격 정보만 추출하고 싶다면 어떻게 해야 할까? 판매 리스트에서 제품 이름과 가격을 하나하나 마우스로 드래그하고 복사해서 메모장에 붙여넣기를 해야 한다. 단축키를 활용해서 쉽게 해왔을 것이다.

그런데 만약 1만 개 제품의 정보가 필요하다면 어떨까? 복사, 붙여넣기의 반복 작업을 1만 번이나 해야 한다고 생각하면 까마득할 것이다. 무엇보다 너무나 비효율적이다. 크롤링은 이것을 자동으로 해주는 기술이다. 웹사이트에서 내가 원하는 정보인 제품명과 가격 정보를 정확히 뽑아올 수 있도록 정보를 입력해주면 수초에서 수분 만에 추출해서 가져다준다.

이렇게 누구나 쉽고 빠르게 온라인상의 정보를 수집할 수 있게 되자, 데이터 자산을 기반으로 영업 활동을 하는 기업에는 비상이 걸렸다. 경쟁사 또는 후발 주자가 방대한 데이터를 순식간에 너무나 쉽게 복제하여 활용할 수 있기 때문이다.

실제로 네이버는 2022년 5월경 네이버 부동산에 올라온 정보를 크롤링한 다윈중개를 상대로 본안소송을 제기했다. 다윈중개가 네이버 부동산의 부동산 관련 데이터를 무단으로 크롤링하여 네이버가 오랜 시간 쌓아온 데이터 자산을 침해하였고, 이를 통해 부당한 이득을 얻었다는 것이다. 네이버와 다윈중개 이전에는 잡코리아와 사람인 사이의 소송이 있었다. 이들은 데이터 무단 크롤링을 쟁점으로 무려 약 10년간이나 소송을 이어갔다.

오픈 AI의 챗GPT가 정보를 학습하는 방법 중 가장 많은 비중을 차지하는 것도 크롤링 기술이라고 한다. 크롤링은 이미 크게 대중화된 기술이지만 어디까지가 합법인지는 잘 알려져 있지 않다. 2017년과 2022년 대법원 판례가 있을 뿐 선례가 많지 않고, 크롤링의 활용 방식이 다양하다 보니 어떤 행동이 어디까지 가능한지 애매한 경우가 많다. 그렇다면 크롤링과 관련된 법적 쟁점을 살펴보고, 국내에서 있었던 굵직한 사건을 통해 어떻게 크롤링하는 것이 합법적인 방법인지 알아보자.

손해배상만이 아니라 형사처벌까지 가능하다

온라인에서 정보를 수집하는 웹 크롤링은 언제 법적으로 문제가 될 수 있을까? 우리가 크롤링을 통해 수집하는 정보는 누군가가 작성하여 온라인에 게시한 정보이다. 온라인 서비스 제공자는 온라인에 게시할 정보를 데이터베이스의 형태로 제작하여 노출하는데, 이 데이터베이스는 저작권법이 보호하는 저작물이다. 저작권법에 따르면 데이터베이스에 대한 복제, 배포 등을 할 수 있는 권리는 데이터베이스 제작자에게 속한다. 따라서 제작자의 허락 없이 데이터베이스를 복제하면 그의 저작권을 침해하는 것이 된다.

온라인상의 모든 정보는 데이터베이스인데, 내가 온라인에 있는 정보를 복사하기만 해도 저작권 침해인 걸까? 물론 그렇지 않다. 데이터베이스를 저작권법으로 보호하는 이유는 저작자가 그 데이터베이스를 제작하기 위해 들인 노력과 비용을 보호하기 위함이다. 따라서 데이터베이스의 일부분만 복제했거나, 데이터베이스를 복제했더라도 그것을 수집하고 체계화하는 데 큰 비용이 들지 않았다면 저작권 침해로 보지 않는다.

그 기준은 무엇일까? 저작권법 법조문에 따르면 "데이터베이스의 전부 또는 상당한 부분"이어야 하고, 그렇지 않다면 "반복적이거나 체계적으로 복제하여 전부 또는 상당한 부분을 복제한 것으로 간주될 정도"에 이르러야 한다. 법원은 각각의 사례별로 크롤링을 한 사람이 복제한 정보의 분량이 많은지, 복제한 방식과 이것이 제작자에게 피해를 미치는 정도를 종합적으로 분석하여 저작권을 침해했는지 판단한다.•

두 번째로 크롤링 행위 자체가 정보통신망 침입 행위가 될 가능성이 있다. 정보통신망 침입이란 어떤 사이트에 접근할 권한이 없거나, 접근할 수 있더라도 허락한 범위를 넘어서 침입한 경우 성립하는 범죄이다. 핵심은 접근권한이다. 따라서 이 범죄에 해당하는지 판단할 때는 크롤링을 당한 서비스 제공자가 자신의 서비스에 접근할 수 있는 권한을 어디까지 부여했다고 해석하는지가 쟁점이 된다.**

이것은 무엇을 통해 판단할까? 서비스 이용약관의 내용이나 서비스 제공자가 서비스에 부가한 기술적인 보호조치가 있었는지 등을 통해 확인한다. 만약 서버에 접근할 수 있는 보호조

- 저작권법 제93조(데이터베이스제작자의 권리) ① 데이터베이스제작자는 그의 데이터베이스의 전부 또는 상당한 부분을 복제·배포·방송 또는 전송(이하 이 조에서 "복제등"이라 한다)할 권리를 가진다. ② 데이터베이스의 개별 소재는 제1항에 따른 해당 데이터베이스의 상당한 부분으로 간주되지 아니한다. 다만, 데이터베이스의 개별 소재 또는 그 상당한 부분에 이르지 못하는 부분의 복제등이라 하더라도 반복적이거나 특정한 목적을 위하여 체계적으로 함으로써 해당 데이터베이스의 일반적인 이용과 충돌하거나 데이터베이스제작자의 이익을 부당하게 해치는 경우에는 해당 데이터베이스의 상당한 부분의 복제등으로 본다. ③ 이 장에 따른 보호는 데이터베이스의 구성부분이 되는 소재의 저작권 그 밖에 이 법에 따라 보호되는 권리에 영향을 미치지 아니한다. ④ 이 장에 따른 보호는 데이터베이스의 구성부분이 되는 소재 그 자체에는 미치지 아니한다. 제136조(벌칙) ② 다음 각 호의 어느 하나에 해당하는 자는 3년 이하의 징역 또는 3천만 원 이하의 벌금에 처하거나 이를 병과할 수 있다. 3. 제93조에 따라 보호되는 데이터베이스제작자의 권리를 복제·배포·방송 또는 전송의 방법으로 침해한 자.
- •• 제48조(정보통신망 침해행위 등의 금지) ① 누구든지 정당한 접근권한 없이 또는 허용된 접근권한을 넘어 정보통신망에 침입하여서는 아니 된다. ② 누구든지 정당한 사유 없이 정보통신시스템, 데이터 또는 프로그램 등을 훼손·멸실·변경·위조하거나 그 운용을 방해할 수 있는 프로그램(이하 "악성프로그램"이라 한다)을 전달 또는 유포하여서는 아니 된다. ③ 누구든지 정보통신망의 안정적 운영을 방해할 목적으로 대량의 신호 또는 데이터를 보내거나 부정한 명령을 처리하도록 하는 등의 방법으로 정보통신망에 장애가 발생하게 하여서는 아니 된다. 제71조(벌칙) ① 다음 각 호의 어느 하나에 해당하는 자는 5년 이하의 징역 또는 5천만 원 이하의 벌금에 처한다. 9. 제48조제1항을 위반하여 정보통신망에 침입한 자.

치가 없었거나, 이용약관에도 특별한 내용이 없다면 침입이라고 판단받기는 어렵다.

이에 대해서는 비판의 시각도 있다. 일반적으로 웹상에 제공하는 대부분의 서비스는 영업 활동을 위해서라도 많은 사람이 쉽게 접근할 수 있도록 구성하기 때문이다. 따라서 서비스 제공자가 접근을 막기 위한 보호조치를 취한다면 그 범위가 매우 한정되고, 또 그러한 기술적 조치를 했다고 하더라도 증거로 입증하기가 어렵기 때문이다.

셋째로 컴퓨터등장애에 의한 업무방해죄가 되는 경우다. 이 범죄는 크롤링이라는 행위로 인해 정보처리에 장애가 발생한 경우에만 인정된다. 중요한 것은 '정보처리에 장애가 발생'하고 그것에 가해 행위와의 '인과관계'가 있어야 한다는 점이다. 위 사건에서는 서버 접속 장애라는 장애가 실제로 발생했다는 사실은 인정되었지만, 크롤링이 아닌 다른 원인으로 발생한 장애일 수 있다는 점에서 컴퓨터등장애에 의한 업무방해죄가 성립하지 않았다.*

넷째는 부정경쟁방지법상 부정경쟁행위에 해당하는 경우다. 크롤링을 함으로써 상대방이 그 데이터를 수집하느라 들인 노

---

* 제314조(업무방해) ① 제313조의 방법 또는 위력으로써 사람의 업무를 방해한 자는 5년 이하의 징역 또는 1천500만 원 이하의 벌금에 처한다. ② 컴퓨터등 정보처리장치 또는 전자기록등 특수매체기록을 손괴하거나 정보처리장치에 허위의 정보 또는 부정한 명령을 입력하거나 기타 방법으로 정보처리에 장애를 발생하게 하여 사람의 업무를 방해한 자도 제1항의 형과 같다.

력에 무임승차한 정도가 중하면 부정경쟁행위에 해당할 수 있다. 이는 일률적으로 말할 순 없고 사례에 따라 경중을 비교하여 판단한다. 만약 부정경쟁행위에 해당하면 크롤링을 한 사람이 손해를 배상해야 한다.[*]

플랫폼 업체들 간의 크롤링 관련 법적 분쟁

국내 대표적인 크롤링 관련 분쟁은 잡코리아와 사람인 간의 분쟁에서 출발한다. 채용 정보 플랫폼 사람인이 잡코리아의 채용 정보를 크롤링한 것을 두고 거의 10년 동안 재판을 한 것이다. 다음으로 숙박업 플랫폼인 여기어때가 야놀자의 숙박업체 정보를 크롤링한 사건으로, 최종 무죄 판결이 내려지면서 우리 법원이 크롤링에 대해 관대한 태도를 보이는 것이 아니냐는 논쟁이 있었다.

사람인은 2008년부터 잡코리아가 웹상에 게시한 채용 정보를 크롤링하여 자사 웹사이트에 게시하였다. 이에 잡코리아가 이를 중단할 것을 요구하여 이후 크롤링을 하지 않기로 하였

---

[*] 부정경쟁방지 및 영업비밀보호에 관한 법률 제2조(정의) 이 법에서 사용하는 용어의 뜻은 다음과 같다. 1. "부정경쟁행위"란 다음 각 목의 어느 하나에 해당하는 행위를 말한다. 타. 국내에 널리 인식되고 경제적 가치를 가지는 타인의 성명, 초상, 음성, 서명 등 그 타인을 식별할 수 있는 표지를 공정한 상거래 관행이나 경쟁질서에 반하는 방법으로 자신의 영업을 위하여 무단으로 사용함으로써 타인의 경제적 이익을 침해하는 행위.

으나, 이것이 지켜지지 않자 잡코리아가 2010년 사람인을 상대로 채용 정보 복제금지 가처분 신청을 제기하면서 긴 소송이 시작되었다.

사람인은 잡코리아에서 크롤링한 정보는 구인 업체가 잡코리아에게 제공한 정보이지 잡코리아가 상당한 인적·물적 노력을 투입하여 만든 데이터베이스가 아니므로 저작권법상의 저작물이 아니라고 주장했다. 하지만 법원은 이를 인정하지 않았다. 잡코리아가 해당 데이터를 쉽고 빠르게 검색할 수 있게 사이트를 구축하고 유지하기 위해 지속적으로 투자해왔고, 실제로 사람인의 무단 크롤링 이후 잡코리아의 마케팅 비용이 증가하였으며, 당기순이익은 감소했다면서 잡코리아에 경제적 손해를 입혔다고 판단하였다.

사람인이 잡코리아의 데이터베이스 저작권을 침해했다는 판결이 인정되면서 사람인이 잡코리아에 120억 원의 합의금을 지급하는 것으로 합의가 이루어졌고, 관련된 다른 모든 사건도 취하하는 것으로 종결하였다.

야놀자와 여기어때 간의 분쟁도 있다. 두 회사는 숙박업소 정보 제공 서비스를 운영하는 경쟁사 관계인데, 후발 주자인 여기어때가 야놀자의 API 서버에 주기적으로 접근해 숙박업소 정보를 복제한 것이다.

여기어때는 숙박업소 정보가 모든 사람에게 공개된 정보이므로 저작물이 아니라고 주장했고, 야놀자는 많은 시간과 비용, 노력을 투자해서 만든 저작물이라고 맞섰다. 야놀자는 여기어때를 정보통신망법 위반죄(정보통신망침해등), 저작권법 위반죄(데이터베이스제작자 권리침해), 형법상의 컴퓨터등장애에 의한 업무방해죄로 고소하였다. 원심 판결에서는 모든 범죄 사실에 대해 유죄가 선고되었는데, 항소심에서 완전히 뒤집혀 모든 죄에 대해서 무죄가 선고되었고, 해당 판결은 그대로 확정되었다.

그러나 이 판결만으로 안심하고 크롤링을 해도 괜찮을 것이라고 생각하지는 마시라. 위 사건에서 무죄가 나온 이유는 야놀자의 웹사이트가 아닌 서버에 접근하여 크롤링을 한 것이었는데, 야놀자가 서버에 접근하는 것을 막는 보호조치를 하지 않았고, 그 외에 접근 제한에 대한 조치나 약관상 제한이 명확하지 않았으며, 크롤링으로 수집한 정보가 전체 데이터의 10% 내외 수준이어서 양적으로 많지 않았다는 등 이 사건만의 특수한 사정이 있었다.

한편, 여기어때가 형사 무죄 판결을 받기는 했지만 부정경쟁 행위는 인정되어 총 10억 원의 손해를 배상하게 되었다. 여기어때의 데이터 복제 행위는 경쟁 관계에 있는 야놀자의 상당한 투자나 노력으로 만들어진 성과 등을 공정한 상거래 관행이나 경쟁 질서에 반하는 방법으로 자신의 영업을 위해 무단으로 사용한 것이라고 판단한 것이다.

정리하면, 크롤링으로부터 보호받고 싶다면 서비스 내 크롤링 목적의 접근을 허락하지 않는다는 문구를 명시적으로 기록하고, 기술적인 보호조치를 마련하는 것을 추천한다. 또한 보호하고자 하는 데이터를 수집·가공하는 데 든 시간과 비용, 노력 등을 증명할 수 있도록 기록해두길 바란다. 또한 크롤링을 할 필요가 있는 사람들은 공개된 정보라고 무조건 안전하다고 판단하지 말고, 크롤링의 범위와 대상을 제한하도록 하자. 크롤링한 정보를 활용하는 과정에서 상대방의 이익을 침해할 우려가 없는지도 엄격히 따져보는 태도가 필요하다.

7장

퇴사 빌런이 되지 않으려면

회사에서 4년 차 디자이너로 일하고 있는 A 씨는 최근 퇴사를 결심했다. 인력이 부족해 자잘한 운영 업무부터 관리 업무까지 도맡았지만 애정을 가진 회사라서 힘들어도 뿌듯한 마음으로 일해온 곳이었다. 하지만 디자인 관련 경력이 전무한 임원이 새로 오면서 상황이 바뀌었다. 새로 온 임원이 A 씨의 부서가 돈을 못 벌어오는 부서라며 저평가하였고, 미팅에서도 A 씨의 발언을 무시하며 기회를 주지 않았다. 다른 동료들은 임원의 눈치를 보느라 A 씨를 도와주지 못했다. 수개월을 버티던 A 씨는 남아 있던 애사심이 바닥난 것을 느꼈다. 퇴사를 결심한 순간, 모니터 속에 그동안 공들여 작업한 디자인 작업물이 눈에 들어왔다. '이걸 다 삭제해버려?'

시작이 있다면 끝도 있는 법. 설레는 마음을 안고 맞이한 시작과 달리 이별은 대부분 씁쓸한 뒷맛을 남긴다. 하지만 감정이 상해 회사를 그만두게 되었다 하더라도 A 씨처럼 섣부른 생각은 하지 말자. 순간의 감정으로 일을 저지르고 나면 회사가 골탕을 먹긴 하겠지만, 결국 일을 수습하는 것은 오로지 내 몫이 되어버릴 테니 말이다. 퇴사하면 다시 보지 않을 사람들이라고 생각했는데 법정에서 더 불편해진 사이로, 더 오래 만나야 할 수 있다.

퇴사 빌런이 될 수 있는 유형을 정리해보았다. 감정이 쌓인 곳에는 분쟁이 뒤따른다. 퇴사하며 홧김에 저지르는 일들, 법적으로 어디까지 문제가 되는지 미리 알아두자. 불쑥 올라왔던 화가 차분해질 수 있다.

작업물을 삭제하거나
컴퓨터 비밀번호를 풀지 않기

애사심을 가지고 열심히 일하던 A 씨가 성과를 알아주지 않는 임원을 만나 결국 퇴사까지 결심하게 된 과정이 안타깝다. 하지만 A 씨가 회사와 분쟁에 휘말려 책임질 일이 생긴다면 더 안타까운 상황으로 치달을 수 있다. 속상한 마음을 달래거나 분을 풀기 위해 컴퓨터에 있던 업무 결과물을 다 삭제하고 나간다면 어떻게 될까?

결론부터 말하자면 이것은 형사상 범죄가 될 수 있다. 만약 삭제한 작업물이 현재 회사가 계속 업무에 이용하는 작업물이었다면 회사의 업무를 방해한 것이 된다. 컴퓨터의 정보처리에 장애를 일으켜 업무를 방해한 경우, 앞에서 본 컴퓨터등장애에 의한 업무방해죄에 해당할 수 있다.[*] 현재 업무에 사용되지 않는 파일이어도 처벌을 피할 수 없다. 이는 재물손괴죄에 해당하기 때문이다.

회사에서 사용하던 컴퓨터의 비밀번호를 해제하지 않거나 변경하는 등 다른 사람이 사용하지 못하게 하거나, 관리하던 업무용 계정의 비밀번호를 변경한 뒤 알리지 않고 퇴사한 경우에도 같은 책임을 질 수 있다.

실제로 계정 정보를 마음대로 바꿔서 업무를 방해한 혐의로 실형을 선고받은 사건이 있다. A 대학의 교직원 S 씨는 웹 서버를 관리·운영하는 업무를 담당하던 중 원치 않는 전보 명령을 받았다. 대학의 결정에 불만을 품은 S 씨는 관리자 계정 정보(아이디, 비밀번호)를 무단으로 변경한 뒤 후임자에게 알려주지 않았다.

이에 A 대학은 입시와 학사 행정 업무를 방해받게 되어 전임자인 S 씨를 고소하기에 이른 것이다. S 씨는 1심 재판에서 무려 징역 1년을 선고받았다가 항소심에서 판결이 뒤집혀 무죄가 되었다.

그러나 대법원은 "피고인이 전보 발령을 받아 더 이상 웹서버를 관리 운영할 권한이 없는 상태에서 홈페이지 관리자의 아이디와 비밀번호를 무단으로 변경"한 행위는 "정보처리장치

• 형법 제366조(재물손괴등) 타인의 재물, 문서 또는 전자기록등 특수매체기록을 손괴 또는 은닉 기타 방법으로 기 효용을 해한 자는 3년 이하의 징역 또는 700만 원 이하의 벌금에 처한다.

에 부정한 명령을 입력해 정보처리에 현실적 장애를 발생시킴으로써 업무방해의 위험을 초래하는 행위에 해당하므로 무죄를 선고한 원심(항소심을 말한다) 판단은 잘못"이라고 판결하며 파기환송하였다.

업무 수행으로 제작한 작업물에 소유권을 주장하는 경우

프로젝트 단위로 업무가 진행되는 직군이 있다. 디자이너가 대표적인데, 하나의 프로젝트가 끝나면 눈에 보이는 유형의 결과물이 완성된다. 이렇게 제작된 결과물의 저작권 등 법적 권리는 누가 갖게 될까?

누군가 글, 그림, 디자인 등을 창작하면 그 순간 창작자가 결과물(창작물)에 대한 권리를 갖는 것이 원칙이다. 하지만 회사에 소속된 근로자가 창작한 저작물은 그렇지 않다. 회사가 근로자에게 근무 장소를 제공하고 급여를 주면서 회사의 기획 방향에 따라 업무를 지시하여 근로자가 제작한 업무상의 결과물은 '업무상저작물'이라고 한다. '업무상저작물'의 저작권은 회사가 가진다.*

그런데 최근에는 개인 블로그 또는 SNS 채널을 통해 일상을 공유하는 일이 많다 보니, 근로자가 별생각 없이 작업물을 무단으로 사용하는 경우가 많다. 회사의 이름으로 공개되기 전에, 즉 회사의 홈페이지에 공개되거나 기사로 송출되는 등 외부에 공개되기 전에 근로자가 공개하는 것이다. 이런 상황을 방지하기 위해 실무상 근로자가 입사할 때 근로계약서와 더불어 작업물에 대한 소유권 및 저작권이 회사에 있다는 확인서를 작성하는 것이 일반적이다.

조금 더 확실하게 하는 경우, 새로운 프로젝트와 관련된 작업물은 회사 이름으로 공표되기 이전에 근로자가 개인적인 목적으로 외부에 공개할 수 없다는 내용을 미리 확인서에 반영하기도 한다.

회사가 저작권을 가진다는 것은 정확히 어떤 의미일까? 근로자가 아무리 자신의 노력으로 창작했다 하더라도 회사의 허락 없이 마음대로 사용할 수 없다는 뜻이다. 동일하게 복제하거나 다른 사람에게 대여할 수도 없다. 만약 근로자가 회사의 저작권을 침해한다면 회사는 해당 근로자에게 손해배상을 청구할 수 있다. 만약 근로자가 그 저작물을 이용해서 돈을 번 것이 있다면 그 수익이 모두 회사의 손해액으로 계산된다. 애

- 저작권법 제2조(정의) 31. "업무상저작물"은 법인·단체 그 밖의 사용자(이하 "법인등"이라 한다)의 기획하에 법인등의 업무에 종사하는 자가 업무상 작성하는 저작물을 말한다. 제9조(업무상저작물의 저작자) 법인등의 명의로 공표되는 업무상저작물의 저작자는 계약 또는 근무규칙 등에 다른 정함이 없는 때에는 그 법인등이 된다. 다만, 컴퓨터프로그램저작물(이하 "프로그램"이라 한다)의 경우 공표될 것을 요하지 아니한다.

1부 직장 생활을 할 때

써 번 돈이 회사 주머니로 들어갈 수 있으니, 반드시 저작물을 사용해야 한다면 먼저 회사와 협의해야 한다는 점을 기억하자.

회사에서 사용하던 자료를
이직한 회사에서 사용하는 경우

직원이 업무상 오랜 기간 반복하여 엑셀에 기재해둔 정보는 회사의 자산일까, 혹은 저작물일까? 회사에서 일하면서 만든 모든 업무상 자료가 저작권이 인정되는 창작물일 수는 없을 것이다. 창작물은 원칙적으로 사상 또는 감정을 표현한 창작물을 의미하기 때문이다. 그렇다면 창작물이 아닌 작업물은 저작권법의 보호를 받지 못하는 것이니 마음대로 써도 되는 걸까?

영업, 마케팅, 홍보 업무를 담당하는 사람들이라면 홍보할 대상의 연락처를 수집하여 정리하는 업무를 많이 해보았을 것이다. B2B 기업은 타깃 기업의 이름, 주소, 연락처 등을 수집할 것이고, 인플루언서 마케팅을 하는 사람들은 자사 제품에 어울리는 인플루언서의 계정 정보를 모을 것이다. 현장에서든 온라인에서든, 시간을 들여 하나하나 쌓아야 하는 정보인 만큼 시간과 노력이 많이 들어간다. 이렇게 상당한 시간과 노력이 들어간 업무 결과물은 재산상 가치를 지닌 '영업상 자산'이 된다.

회사의 돈을 마음대로 꺼내 사용할 수 없듯이, 회사의 영업상 자산을 마음대로 사용하면 업무상 배임·횡령이 될 수 있다. 사례를 통해 구체적으로 확인해보자.

영화 홍보대행사에서 온라인 홍보팀장으로 근무하는 H 씨는 퇴사하면서 업무상 사용하던 영화계 출입 기자 3,500여 명의 이메일 리스트를 반환하지 않았다. 그리고 경쟁 업체로 이직하면서 이 자료를 그대로 가져가 사용하였다가 업무상 배임죄로 고소를 당하였다.

H 씨는 기자 이메일은 공개된 정보라서 누구나 쉽게 수집할 수 있으므로 죄가 되지 않는다고 주장했지만, 법원은 이를 받아들이지 않고 벌금 200만 원을 선고했다. 공개된 정보라 하더라도 자료의 취득을 위해 상당한 시간, 노력 및 비용을 들인 것으로, 경쟁자에 대하여 경쟁상의 이익을 얻을 수 있는 정도의 주요 '영업상 자산'이라고 판단했기 때문이다.[•]

퇴사 후 인터넷에 회사 욕을 하거나 부정적인 글을 올린 경우

직장인의 기업 정보 공유 커뮤니티에 꼭 빠지지 않는 것이 재직

• 해당 판례 https://www.legaltimes.co.kr/news/articleView.html?idxno=33501 / 유사 판례 https://v.daum.net/v/20221010160455528.

중이거나 퇴사한 회사의 후기 글이다. 재직자가 아니라면 알 수 없는 내밀한 기업 정보와 근무 여건, 솔직한 사실을 엿볼 수 있어서인지 많은 사람이 소비하는 듯하다. 안 좋은 감정으로 퇴사한 사람들은 이런 커뮤니티에 회사에 대한 부정적인 평가를 올리곤 하는데, 이것이 명예훼손 등으로 문제 될 소지가 없는지 알아보자.

명예훼손이나 모욕이 사람에 대해서만 할 수 있는 범죄라고 생각하는 사람들이 있다. 법조문상 "사람의 명예를 훼손"한 경우를 처벌한다고 되어 있기 때문이다. 그러나 판례는 분명하게 법인도 정관으로 정한 목적 범위 내에서 권리와 의무의 주체가 되는 것이라면서 명예훼손의 피해자가 될 수 있다고 해석한다.*

누리꾼들이 기업 정보 커뮤니티에서 회사에 대해 평가하는 내용은 주로 급여가 적정한지, 인사 평가가 공정한지, 복리후생이 풍부한지 등 인사제도에 대한 것이 많다. 보통 이런 글을 작성할 때 특정 사람을 겨냥한 것이 아니라는 생각에 명예훼손까지 걱정하는 사람은 많지 않다.

하지만 법원은 "주식회사 등 영리법인의 재정 건전성과 공정

---

* 형법 제307조(명예훼손) ① 공연히 사실을 적시하여 사람의 명예를 훼손한 자는 2년 이하의 징역이나 금고 또는 500만 원 이하의 벌금에 처한다. ② 공연히 허위의 사실을 적시하여 사람의 명예를 훼손한 자는 7년 이하의 징역, 10년 이하의 자격정지 또는 1천만 원 이하의 벌금에 처한다.

한 인사제도는 그 법인에 대한 사회적 평가와 신용에 직간접적으로 영향을 미치고 보호할 필요성이 상당"하다고 하면서 인사 조치에 관한 명예훼손적 발언을 하면 법인의 법익을 침해하는 행위라고 판단하니 주의가 필요하다.

특히 조심할 것은 부정적인 글을 써도 처벌받지 않는다고 온라인상에 알려진 방법을 무작정 따르면 안 된다는 것이다. 누리꾼들이 온라인상에서 어떤 사람이나 제품, 서비스 등에 대해 부정적인 글을 쓸 때 '각도를 잰다'고 말하는 것을 본 적이 있을 것이다. 교묘하게 법망을 피해 명예훼손에 해당하지 않을 수준을 가늠한다는 뜻의 표현이다.

부정적인 게시글을 작성하면서 "저는 누구라고 말하지 않았습니다", "이 글은 주어가 없습니다"라고 부연하는 경우가 대표적이다. 명예훼손이든 모욕이든, 상대방이 특정되지 않으면 처벌되지 않기 때문이다. 하지만 이런 글을 덧붙이더라도 다른 정황을 통해 상대방이 누구인지 쉽게 추측할 수 있는 경우에는 아무 소용이 없다.

또 말머리에 '공익 목적'이라고 붙인 채 글을 게시하는 경우도 많다. 자신이 본 피해 사실을 고발하는 글을 작성할 때 많이 쓰이는데, 그 글을 작성한 목적이 공공의 이익을 위한 것이라면 작성한 내용이 명예훼손에 해당하더라도 처벌 대상이 아니기 때문이다. 그렇다면 이런 경우에는 정말 처벌을 피할 수 있는 것일까?

'공익 목적'이라는 말머리만 달았다고 해서 공익성이 인정되는 것은 아니다. 공익성은 '불특정 다수에게 공개하여야 할 필요가 있는 공익'을 말한다. 그런데 이것은 게시물이 공개된 범위, 게시물의 내용과 표현 등을 토대로 법적으로 판단하는 것이지 작성자가 말머리를 달았다고 해서 인정되는 것은 아니다. 일반적으로 사람들은 자신이 겪은 피해는 얼마든지 온라인상에 공개해도 된다고 생각하지만, 동일한 피해를 볼 우려가 있는 사람에 한정하여 공개하지 않으면 공익성이 부정될 수 있다.

특히 유념할 것은 공익을 이유로 처벌하지 않는 것은 명예훼손죄이고, 모욕죄는 아니라는 사실이다. 따라서 아무리 공익적인 의도로 글을 작성했다 하더라도 해당 게시물에 욕설, 경멸적 표현 등이 포함되어 있는 경우에는 명예훼손으로는 처벌되지 않아도 모욕죄로 처벌받을 수 있다. 그 정도가 심한 경우에는 아예 공익적 목적 자체가 인정되지 않을 수 있으니 조심해야 한다.

게시글에 단어나 표현을 애매하게 사용하여 의미가 직관적으로 와닿지 않게 하는 방법은 어떨까? 상대방을 지칭하는 단어를 자음만 따거나 줄임말로 표시하는 식으로 말이다. 혹은 욕설 자체를 에둘러 표현하는 방법도 있다. 하지만 인터넷 이용자라면 누구나 온라인상의 은어를 쉽게 이해할 수 있기 때문에 이렇게 모호한 표현을 사용하더라도 명예훼손에 해당할 수 있다. 심지어 의성어나 의태어만 사용했더라도 당사자가 모욕감을 느낀다면 모욕죄에 해당할 수 있다.

따라서 위와 같이 '각도'를 재는 방법은 위험하다. 오히려 보란 듯이 '각도를 잰다'거나 '주어가 없다'고 으스대다가는 죄질이 더 나쁜 것으로 비칠 수 있다.

2부

집을
구할 때

전월세 보증금을 지키려면

서울에서 자취를 하는 J 씨는 살고 있던 집의 전세 계약 만료를 앞두고 걱정이 많다. 최근에 다른 지역으로 취업하게 되어 직장 근처로 이사해야 하는데, 집주인이 보증금을 마련하는 데 시간이 걸린다는 것 아닌가. 전셋값이 많이 떨어져 그렇다는 것이다. 불안해진 J 씨는 보증금을 돌려받을 방법을 찾고자 변호사를 찾아가 상담했다. 그러던 중 주택에 다른 담보까지 설정되어 있어서 경매에 넘기더라도 받을 돈이 없을 것이라는 사실을 알고 눈앞이 캄캄해졌다.

처음 본 사람에게 선뜻 돈을 빌려줄 수 있는 사람이 얼마나 될까? 아마 거의 없을 것이다. 화장실 들어갈 때와 나올 때의 마음이 다르다고, 돈을 빌려주는 것은 간단하지만 돌려받기는 참 어렵다. 설마 하는 마음에 혼자 속을 앓기 일쑤다. 친구나 가족 사이도 이럴진대, 만약 처음 보는 사람에게 그 사람의 집을 담보로 수천만 원에서 수억 원에 이르는 돈을 빌려주기로 했다고 생각해보자. 상대방이 믿을 만한 사람인지, 여러 사람한테 돈을 빌리고 다니는 사람은 아닌지, 내가 빌려준 돈을 충분히 담보할 수 있을 만큼 집값이 나가는지 꼼꼼히 따지지 않을까?

전월세 계약의 구조도 이와 비슷하다. 전세는 쉽게 말해 집을 담보로 집주인에게 내 돈을 맡겨두는 것이다. 보통 보증금이 전 재산에 가까운 목돈임을 생각하면 선뜻 계약하기가 망설여진다. 그런데 의외로 많은 사람이 전월세 계약을 체결할 때 집주인의 신용이나 주택의 가치에 크게 신경 쓰지 않는다. 물론 공인중개사가 중요한 내용을 설명해주기도 하고 임대차보호법 등의 보호를 받기는 하지만, 그렇다고 해서 보증금이 완벽히 안전한 것은 아니다. 공인중개사가 보증금 반환을 보장해주는 것도 아니고, 법과 제도는 일정한 조건을 갖춘 경우에만 한정적으로 보호해줄 수 있기 때문이다.

요즘 '빌라왕', '전세 사기' 관련 이야기가 언론의 헤드라인을 가득 채우고 있다. 평생 모은 재산이거나 대출까지 받아서 마련한 전셋값을 하루아침에 잃게 된 것이다. 어떻게 하면 안전하게 전세 계약을 할 수 있을까? 앞에서 예로 든 것처럼, 누군가에게 전 재산을 빌려준다고 생각해보자. 처음 보는 사람에게 목돈을 맡기고 2년 뒤에 돌려받는 것이다. 돈을 바로 갚으면 다행이지만 만약 갚지 못한다면 그 사람이 가진 다른 재산이라도 가져와야 한다. 그렇다면 우선 적어도 상대방의 인적사항(이름, 연락처, 주소 등)을 알아야 하고, 다음으로 그가 가진 재산을 정확하게 알고 있어야 한다. 특히 돈과 관련된 모든 법적 분쟁에서는 후자가 핵심이다.

많은 사람은 돈 받을 사람이 재판에서 이기기만 하면 모든 일이 해결된다고 생각하는데 사실 그렇지 않다. 재판에서 이겼다 해도 실제로 내 주머니에 바로 돈이 들어오는 것은 아니다. 돈을 빌린 사람의 통장에 있는 돈이나 그 사람이 가진 부동산 등 재산을 찾아서 강제로 가져오는 절차, 즉 '집행'이라는 절차를 거쳐야 한다. 내가 아무리 돈을 빌려준 내역이 있고, 심지어 재판에서 이겼다고 해도 상대방 이름으로 된 재산이 없거나 그것을 찾지 못하면 영영 돈을 받지 못할 수도 있다.

이런 점에서 전세 세입자나 임차인은 아주 유리하다. 위의 두 가지 정보를 계약서에 도장을 찍기 전부터 모두 확보하기 때문이다. 개인 간 그 어떤 금전 거래보다 안전하게 거래할 수 있는 계약인 셈이다. 조금만 주의를 기울이면 내 돈을 잃을 위험을 상당히 줄일 수 있다.

집주인으로 계약하는 사람이
실제 소유자가 맞는지 확인하기

아주 쉽고 간단한데 의외로 확인하지 않는 정보가 있다. 바로 집주인이 실제로 집주인이 맞는지 확인하는 것이다. 모든 부동산의 실제 소유자 정보는 등기사항전부증명서를 열람하면 확인할 수 있다. 보통 공인중개사에게 요청하면 발급해주는데, 본인이 직접 발급받아 열람할 수도 있다(한 건당 열람 수수료는 700원, 발급 수수료는 1,000원이다). 등기사항증명서는 갑구와 을구로 나뉘어 있는데 그 중 갑구에서 가장 마지막 날짜에 소유자로 기재된 사람의 정보를 확인하면 된다.

부동산 시세가 적정한지 알아보기

어떤 집의 매매가가 5억 원인데, 전세가가 6억 원이라고 해보자. 전세가가 매매가보다 1억 원이나 높다. 이런 전세를 소위 '깡통전세'라고 한다. 내용물 없이 속이 텅 빈 집이라는 뜻이다. 이런 집은 전세금을 담보해줄 만큼 가치가 없어서 위험할 수 있다. 쉽게 말해서 그 집을 팔더라도 5억 원밖에 남지 않으니, 내 전세금 6억 원을 다 돌려줄 수 없는 상태라는 뜻이다. 전세 기간이 끝났는데 전세금을 돌려받지 못하면, 다른 세입자가 빨리 구해지기를 바라거나 경매에 넘기는 수밖에 없다. 그런데 깡통전세 집은 매매가가 전세가보다 싸기 때문에 경매에 넘기더라도 전세금을 모두 받을 수 없다. 이런 집에 전세 계약을 하는 것은 위험천만한 일이다.

전세 계약을 생각하는 사람들은 애초에 집값을 알아보지 않는 경우가 많다. 특히 빌라는 아파트와 달리 시세 정보를 파악하기가 어렵기도 해서, 전세 가격만 자신의 형편에 맞는지 계산해본 뒤 바로 계약하는 경우도 많다. 이런 점을 악용하여 수백 채의 빌라를 집값보다 더 비싸게 전세 계약하여 전세 만기에 서로 돌려막은 사건이 바로 "빌라왕" 전세 사기이다. 따라서 전세 계약을 고려하고 있다면, 적어도 내가 계약하려는 동네의 집값과 전세 가격이 어느 정도 선에서 형성되어 있는지 파악한 뒤 해당 전세 가격이 적정한지 판단해야 한다.

전세가는 집값의 70% 이내에서

집값이 전세가와 큰 차이가 없는 경우에도 조심하는 것이 좋다. 지역마다, 주택 유형마다 다르지만, 보증금이 매매 시세의 70%가 넘으면 위험하다고 판단한다. 앞에서 봤듯이 시세를 확인하는 목적은 최악의 경우 주택을 경매에 넘겨 그 집이 팔리는 가격(낙찰가)에서 보증금을 받기 위함인데, 경매에서 집값은 실제 시세가 아니라 '감정가'라는 것을 기준으로 정해진다. 문제는 감정가가 시세보다 낮은 경우가 대부분이라는 것이다. 그뿐 아니라 경매에서 내가 가장 먼저 돈을 받는 게 아니라, 보증금보다 먼저 빠져나가는 다른 채권들도 있어서 넉넉하게 여유를 두고 보증금을 설정해야 한다.

시세를 살펴보기 가장 좋은 곳은 '네이버 부동산' 사이트이다. 가장 많은 매물과 호가 정보를 보유하고 있고, 적정 시세를 매주 갱신하기 때문이다. 임차하려는 부동산의 매매 가격과 전세 가격을 확인하고, 근처 비슷한 조건의 주택을 함께 확인하면 더 좋다. 비슷한 조건의 주택이란 주택의 종류(단독주택, 아파트 등), 연식, 브랜드, 위치 등이 유사한 것을 말한다. 참고로 불황기에는 '네이버 부동산'에 올라 있는 호가보다 실제로 2,000만~3,000만 원 낮은 가격으로 거래되는 경향이 있으니 감안해서 살펴보는 것이 좋다(반대로 호황기에는 경매 낙찰 가격이 더 높아지는 경우도 있다).

보증금보다 우선되는
채무가 있는지 확인하기

채권자들 사이에는 우선순위가 있다. 먼저 받을 수 있는 채권과 그렇지 않은 채권이 있다는 뜻이다. 만약 집주인이 돈을 갚아야 하는 사람이 여러 명이고, 그중 세입자보다 먼저 갚아야 하는 사람이 있다면 주택 시세가 보증금보다 충분히 비싸더라도 보증금을 전부 받기 어려울 수 있다. 따라서 세입자의 보증금보다 우선하는 다른 사람의 채권이 있는지 확인해야 한다.

주택이 경매에 넘어갔을 때 배당을 받는 순서는 다음의 표와 같다. 임차인이 대항력을 확보하고 확정일자를 받았어도, 전세 세입자가 전세권 등기를 했어도, 1순위로 전액을 받을 수

경매 시 우선 변제되는 채권의 순위

0순위 경매 비용, 필요비, 유익비
1순위 최우선변제금액(소액 임차인), 3개월분의 임금채권(근로기준법)
2순위 당해세(국세, 지방세 등)
3순위 확정일자부 임차인의 보증금, 임차인의 전세권, 저당권 등 담보
　　　　물권으로 담보된 채권, 당해세 이외의 조세

있는 것이 아니다. 이 중에서 우리가 확인할 수 있는 채권은
최우선변제금액, 당해세, 그리고 담보된 채권 정도다.

선순위 임차인 정보 확인하기

일정 금액 이하의 소액 임차인 보증금은 1순위로 배당을 받게
된다. 지역별로 금액이 다르니 내가 살고 있는 지역의 소액 임
차인 보증금이 얼마인지 확인하자. 소액 임차인이 여럿인 경우
도 있기 때문에 소액 임차인에 해당하는 다른 임차인이 있는지
도 알아야 한다. 지금까지는 집주인이 동의하지 않으면 강제로
열람할 수 없었기 때문에 집주인이 알려주지 않으면 그만이었
다. 공인중개사가 알아낼 의무도 없었다. 공인중개사가 집주인
에게 선순위 임차인에 대한 정보를 물어봤을 때 답을 알아내지
못하더라도 책임이 없기 때문이다. 공인중개사가 계약서를 작

지 역	소액임차인 조건 (보증금액)	우선변제금액
서울특별시	1억 6,500만 원 이하	최대 5,500만 원
「수도권정비계획법」에 따른 과밀억제권역(서울특별시 제외), 세종특별자치시, 용인시, 화성시 및 김포시	1억 4,500만 원 이하	최대 4,800만 원
광역시(「수도권정비계획법」에 따른 과밀억제권역에 포함된 지역과 군지역 제외), 안산시, 광주시, 파주시, 이천시 및 평택시	8,500만 원 이하	최대 2,800만 원
그 밖의 지역	7,500만 원 이하	최대 2,500만 원

지역별 최우선변제금액 표

성하면서 "집주인에게 물어봤으나 알려주지 않음"이라는 취지만 기재해도 책임이 없다.

그런데 2022년 11월 21일 입법 예고된 주택임대차보호법 개정안에 따르면 앞으로는 예비 세입자가 해당 정보를 요구하면 집주인이 의무적으로 알려주어야 한다. 직접 요구할 수도 있고, 공인중개사를 통해 해결할 수도 있다. 선순위 임차인의 보증 금액이 최우선 순위에 해당하는지 보고, 남은 금액을 계산해보면 안전한지 가늠이 될 것이다.*

당해세란 무엇일까?

당해세란 부동산에 대해 부과된 조세 등을 말하며, 대표적으로 부동산세, 증여세 등이 있다. 만약 집주인이 당해세를 미납하면 국가가 집을 압류하고 경매에 넘길 수 있다. 더 중요한 것은 주택이 이렇게 경매에 넘어가면 매각 대금에서 세입자의 보증금보다 당해세를 먼저 갚게 되는데, 세금을 체납한다고 해서 바로 공시되는 것이 아니어서 경매가 실행될 때가 되어서야 알게 되기 일쑤다.

이러한 당해세는 전세 또는 임대차계약 체결 시 알아볼 생각을 하지 않거나, 집주인이나 공인중개사의 말만 믿고 넘어가는 경우가 많다. 그러나 앞으로는 임대차계약을 체결하기 전에 임대인인 집주인에게 국세 및 지방세 납세증명서(완납증명)를 제시해달라고 요구할 수 있다. 이 경우 집주인은 정당한 사유가 없는 한 납세증명서를 제시하여야 한다.

만약 집주인에게 요구하기 어렵다면 2023년 4월 1일부터는 보증금이 1,000만 원을 넘으면 집주인의 동의를 받지 않고도 미납 국세를 전국 세무서에서 열람할 수 있다. 다만 미납 국세

• 주택임대차보호법 일부개정안 제3조의6(확정일자 부여 및 임대차 정보제공 등) ③ 주택의 임대차에 이해관계가 있는 자는 확정일자부여기관에 해당 주택의 확정일자 부여일, 차임 및 보증금 등 정보의 제공을 요청할 수 있다. 이 경우 요청을 받은 확정일자부여기관은 정당한 사유 없이 이를 거부할 수 없다. ④ 임대차계약을 체결하려는 자가 위 동의를 요구하는 경우 임대인은 이를 거부할 정당한 사유가 없는 한 동의하여야 한다.

열람제도는 임대차계약을 체결하기 전이 아니라 계약 체결 이후에 가능하다는 점에서 차이가 있다. 미납 국세가 있는지 확인한 뒤에 계약하고 싶다면 어떻게 해야 할까? 계약서 작성 시 특약사항에서 미납 국세 열람 제도를 활용할 수 있다. 10장 '계약서에 넣으면 좋을 특약 모음집'에서 특약 문구를 확인할 수 있다.

기본 중의 기본, 등기사항증명서 확인하기

등기사항증명서의 갑구에서 소유자 정보를 확인할 수 있다면, 을구에서는 다른 채무 관계를 확인할 수 있다. 을구에 표시된 채무들은 그 최고액이 기재되어 있는데, 이 금액은 각각의 채권자가 먼저 받아 갈 수 있는 돈의 상한이다(실제 채권액은 더 적거나 많을 수 있지만 먼저 받아 갈 수 있는 금액은 등기부에 기재된 금액을 한도로 한다). 가장 많은 것이 은행에서 집을 담보로 대출을 받은 경우로, 보통 근저당권으로 등기된다. 주택의 총가격에서 각각의 채무액을 빼고 남은 금액이 내가 받을 수 있는 금액이다.

주택 가격이 10억 원이고 근저당권 채권최고액이 6억 원으로 설정되어 있는 상태에서 보증금 5억 원의 전세 계약을 체결했다고 치자. 이 경우 내가 주택에서 받아 갈 수 있는 최대 금액은 4억 원(10억 원-6억 원)이다. 그러므로 웬만하면 다른 채무가 없는 주택을 골라야 하고, 꼭 살고 싶은 집이 있는데 위와 같이 선순위 채권이 설정되어 있다면 이를 고려해서 전세가를 낮춰달라고 협상할 수도 있다.

이외에도 전세보증보험에 가입하거나 월세 계약을 했지만 전세권으로 등기하는 방법 등도 있다. 웬만한 것은 공인중개사를 통해 쉽게 안내받을 수 있을 것이다. 다만 아무것도 모르는 상태에서 공인중개사의 말만 믿은 채 일을 맡기지 말고, 전체적인 내용을 이해한 상태에서 스스로 확인하고 계약을 진행하자. 남들도 다 쉽게 하는 것 같다고, 혹은 공인중개사 말만 믿고 보증금을 당연히 돌려받을 수 있다고 안일하게 생각했다가 후회하지 말고, 보증금을 지키는 방법을 꼼꼼히 숙지하자.

보증금 지키는 꿀팁

1. 계약서에 특약사항 넣기

아무리 조심해서 매물을 골랐어도 내가 우선순위를 확보하기 전에 집주인이 주택을 담보로 은행에서 돈을 빌린다면 주택 담보 가치가 하락할 수밖에 없다. 따라서 계약서 작성 이후 담보권을 설정한다면 계약금을 날리지 않고도 계약을 파기할 수 있도록 특약사항을 넣는 것이 좋다. 특약을 어떻게 써야 할지 모르겠다고? 걱정하지 마시라. 특약 문구를 써드렸으니 그대로 베껴 쓰면 된다.

계약 체결 후 잔금일 전까지 부동산에 담보 설정 등을 하지 못하게 하고, 만약 담보가 설정된다면 계약금을 손해 보지 않은 상태로 해지하고 싶을 때 쓸 수 있는 특약:

[계약 체결일 이후 잔금일까지 부동산에 권리 변동 사항이 발생하면 즉시 계약을 해지할 수 있다. 이 경우 임대인은 계약금의 배액을 임차인에게 배상한다.]

계약 완료 후(잔금까지 치른 후), 우선변제권을 확보할 시간을 벌고 싶을 때 쓸 수 있는 특약:

[잔금 지급 완료 후 일주일 이내 부동산에 근저당권 등 추가 부담을 설정하지 않고, 소유권 이전 설정을 하지 않는다.]

2. 평일 오후 4시를 기억하자

잔금을 치르고 이사까지 마쳤는데 갑자기 집주인이 저당권을 설정했다면? 혹은 집주인이 특약 기재를 거부했다면? 깜빡하고 특약을 챙기지 못했다면?

집주인이 저당권을 설정하는 것 자체를 막을 수는 없다. 그러니 이런 경우에는 우선순위라도 빠르게 확보하는 것이 중요하다. 입주, 전입신고, 확정일자 세 가지를 모두 마치면 우선변제권을 확보할 수 있다. 여기서 중요한 것은 집주인이 같은 날 저당권을 설정하는 경우다. 집주인과 세입자가 같은 날인 2월 1일에 저당권을 설정하고 우선변제권을 마쳤다고 치자. 저당권의 효력은 2월 1일부터 발생하지만 우선변제권은 다음 날인 2월 2일부터 발생한다.

따라서 잔금을 치르는 날에 입주, 전입신고, 확정일자를 모두 동시에 진행하되, 행여 같은 날 집주인이 저당권을 설정하지 못하도록 은행 마감 시간인 오후 4시 이후에 진행하는 것을 추천한다.

전입신고는 주말에도 할 수 있지만 영업일에 수리되기 때문에 주말을 끼지 않고 진행해야 한다는 것도 잊지 마시길!

9장

집주인 면접을 봐도 될까요?

J 씨는 전세 계약을 앞두고 원하는 집의 시세도 알아보고, 등기사항증명서도 열람했다. 문제가 없는 것을 확인했지만 막상 계약을 체결하려고 보니 불안하긴 마찬가지였다. '내가 모르는 집주인의 다른 빚이 있으면 어떡하지? 경매는 시간도 오래 걸리고 변호사 수임료도 비싸다던데.' 마침 전세 사기 피해자들이 수억 원을 잃게 되었다는 뉴스 보도가 흘러나왔다. 그때마다 J 씨의 불안은 커져갔다. '아무래도 집주인이 재력이 충분한 사람인지 더 확인해야겠어. 공인중개사는 매물에 대해 설명할 의무가 있다고 하던데, 집주인의 재산이나 소득이 얼마나 되는지 확인해달라고 하자!' 마음먹은 J 씨는 공인중개사 사무소로 달려간다.

전 재산이 들어가는 부동산 거래는 정말 어렵고 불안하다. 아파트 가격 역시 한없이 치솟을 것 같다가도 갑자기 침체기가 찾아온다. 2021년에는 아파트 가격이 급등해서 누구나 빨리 아파트를 사야 할 것만 같았다. 최대한의 대출을 끌어당기는 이른바 '영끌'로 아파트를 사려고 했는데, 갑자기 2022년에는 폭락장이 펼쳐지며 전고점 대비 30% 이상 가격이 떨어지는 사례가 쏟아져 나왔다. 이때 집값만이 아니라 전셋값도 같이 폭락하는 탓에, 집주인이 전세 세입자에게 떨어진 전셋값만큼 돈을 돌려 줘야 하는 일이 생기기도 했다. 실제로 이 시기에 전세금을 돌려주기 위해 목돈을 갑자기 구하느라 많은 사람이 대출을 받는 등 어려움이 있었다. 이런 현상을 '역전세'라고 한다.

한때 서울 지역에 소재한 연립, 다세대 주택의 약 절반인 46%가 이런 역전세 상황에 처했다(부동산 정보 플랫폼 '다방'이 국토교통부 실거래가를 바탕으로 분석한 2022년 1~5월 서울 연립·다세대 전세 거래 기준). 집주인이 대출이라도 받아서 전셋값을 주면 참 다행이다. 그런데 돈이 없다며 배짱을 부리거나 다음 세입자를 구할 때까지 돈을 줄 수 없다고 버티면 어떻게 할까? 이렇게 집주인이 금전 여력이 없으면 임차인이 피해를 볼 우려가 있다. 더욱이, 주택 가격이 낮아지면 그 가격이 경매 감정 가격에 반영되어 보증금을 모두 돌려받지 못하는 상황이 발생할 수도 있다.

그러자 J 씨처럼 전세 계약을 체결할 때 집주인의 경제력을 확인하려는, 이른바 '집주인 면접' 문의가 늘어나고 있다. 그런데 집주인 면접, 봐도 되는 걸까?

평판 조회, 개인정보보호법을 조심하자

결론부터 말하자면 집주인 몰래 집주인에 대한 평판을 조사해 선 안 된다. 집주인의 평판에 대해 알아보는 것은 그 집주인이 동의할 때만 할 수 있다. 집주인의 동의를 얻은 상태에서, 공인 중개사를 통하거나 혹은 집주인에게 직접 그의 직업이나 재산 등에 대해 물어보고 확인해야 한다.

사실 우리에게 더 익숙한 개념은 집주인이 세입자를 면접하는 반대의 경우다. 2020년 주택임대차보호법 개정(임차인을 보호하는 주요 개정 사항인 임대차신고제, 계약갱신청구권제, 전월세상한제를 일컫는 '임대차 3법'으로 더 잘 알려져 있다)으로 임대차계약 해지가 어려워지자, 임대인이 믿을 만한 임차인을 가려 받고자 면접하려는 움직임이 있었다. 실제로 독일, 프랑스 등 유럽 국가에서는 임대인이 임차인을 면접하는 것이 일반적인 관행이라고 한다. 집주인이 쉽게 임차인을 내보낼 수 없기 때문에 오래 임차해도 괜찮은 사람일지 생활 습관이나 신용에 관한 것들을 미리 확인하는 것이다. 집주인은 이 면접에서 '임차인 지원자'에게 연봉은 물론이고 흡연 여부, 심지어 출산 계획 같은 사적인 정보까지 물어본다고 한다.

최근 우리나라에서 임차인 면접이 아닌 '집주인 면접' 이야기가 나오는 것은, 부동산 시장이 급변함에 따라 행여나 집주인이 보증금을 돌려주지 못할 사람은 아닌지 알아보려는 경향이 늘었기 때문이다. 집주인 면접을 통해 알고 싶은 정보는 유럽의 임차인 면접과 크게 다르지 않을 것이다. 즉 집주인의 자산이 얼마나 많은지, 사기를 치지 않고 성실하게 보증금을 반환할 사람인지 등 집주인의 재산이나 신용, 평판을 알아보려는 것이다. 이런 정보는 개인정보보호법의 보호 대상인 개인정보에 해당된다.

누군가의 개인정보는 절대 몰래 처리할 수 없고, 반드시 그 사람의 동의를 받아야 한다. 만약 집주인이나 세입자 몰래 그들의 개인정보를 알아냈다면 5,000만 원 이하의 과태료가 부과될 수 있다.[*]

사례에서 J 씨는 공인중개사를 통해 정보를 확보하려고 하는데, 이것은 가능할까? 안타깝게도 공인중개사의 중개 업무는 개인정보보호법의 예외 사항에 해당하지 않는다. J 씨가 공인

---

[*] 개인정보보호법 제15조(개인정보의 수집·이용) ① 개인정보처리자는 다음 각 호의 어느 하나에 해당하는 경우에는 개인정보를 수집할 수 있으며 그 수집 목적의 범위에서 이용할 수 있다. 1. 정보주체의 동의를 받은 경우. 2. 법률에 특별한 규정이 있거나 법령상 의무를 준수하기 위하여 불가피한 경우. 3. 공공기관이 법령 등에서 정하는 소관 업무의 수행을 위하여 불가피한 경우. 4. 정보주체와의 계약의 체결 및 이행을 위하여 불가피하게 필요한 경우. 5. 정보주체 또는 그 법정대리인이 의사표시를 할 수 없는 상태에 있거나 주소불명 등으로 사전 동의를 받을 수 없는 경우로서 명백히 정보주체 또는 제3자의 급박한 생명, 신체, 재산의 이익을 위하여 필요하다고 인정되는 경우. 6. 개인정보처리자의 정당한 이익을 달성하기 위하여 필요한 경우로서 명백하게 정보주체의 권리보다 우선하는 경우. 이 경우 개인정보처리자의 정당한 이익과 상당한 관련이 있고 합리적인 범위를 초과하지 아니하는 경우에 한한다. 제75조(과태료) ① 다음 각 호의 어느 하나에 해당하는 자에게는 5천만원 이하의 과태료를 부과한다. 1. 제15조 제1항을 위반하여 개인정보를 수집한 자.

2부 집을 구할 때

중개사에게 집주인의 정보를 확인해달라고 요청할 수는 있지만 공인중개사 역시 집주인에게 정보를 요청해서 집주인이 동의해준 경우에만 그 정보를 전달해줄 수 있다.

공인중개사의 설명 의무는 어디까지일까?

> 공인중개사를 통해 집주인의 재산 상황을 확인하지 못한 J 씨는 결국 전세 계약을 체결하지 않고 변호사를 찾았다. "변호사님, 공인중개사는 설명 의무가 있다고 하던데, 본인이 중개하는 매물이 깡통 전세인지 미리 확인해줘야 하는 것 아닌가요? 심지어 어떤 전세 사기 피해자는 공인중개사도 같이 전세 사기 매물을 거래하는 데 가담했다고 하는데…."

방송 서비스인 넷플릭스에 올라 있는 〈셀링선셋〉, 〈맨해튼 소유하기〉, 〈라장스〉 등 부동산 중개업자를 소재로 한 콘텐츠를 보면, 외국의 공인중개사들은 한국보다 더 전문성을 인정받는 것으로 보인다. 그들은 의뢰인에게 매물을 소개할 때 항상 정장을 갖춰 입고, 의뢰인이 현장에서 수시로 물어보는 까다로운 질문에도 막힘없이 대답한다. 이를 위해 중개사들끼리 늘 긴장하고 경쟁하며 매물 설명을 준비하는 모습이 보인다.

우리나라에서 공인중개사에 대한 이미지는 외국과 많은 차이가 있다. 지난 2021년 국토연구원에서 실시한 여론조사에 따르면 국민 10명 중 4명 이상이 공인중개사의 업무 처리에 대해 "신뢰하지 않는다"고 응답했다. 일부 공인중개사들이 깡통 전세나 불법 중개 등 물의를 일으킨 것이 보도되면서 신뢰가 떨어진 탓이 커 보인다.

법적으로 공인중개사는 의뢰인이 맡긴 일을 마치 자기 일처럼 처리할 필요는 없더라도 최소한 전문적인 수준으로는 주의를 기울이고 성실히 처리해야 할 의무가 있다. 이것을 민법상의 위임관계라고 한다. 공인중개사법에서는 이를 "전문직업인으로서의 품위를 유지하고 신의와 성실로써 공정하게 중개 관련 업무를 수행하여야 한다"라고 규정하고 있다. J 씨가 말하는 설명 의무는 이러한 신의성실의 원칙을 구체적으로 표현한 것이다. 공인중개사가 자신이 중개하는 매물을 얼마나 자세히 알아봐야 설명 의무를 다한 것이 될까?

공인중개사법에 따르면 공인중개사가 무엇을 확인·설명해야 하는지 아주 구체적으로 나와 있다. 기본적으로 매물 및 주변 환경 상태, 세금 관계나 법적인 것들이다. 이런 정보는 일반인이 쉽게 얻기 힘든 정보인 데다 그 지역에 사는 사람이 아니라면 알 수 없고, 경우에 따라 매물 실내로 직접 들어가서 확인해야 하는 정보인지라 중개인이 직접 확인해서 설명해야 한다고 정한 것이다. 정리하면 공인중개사가 확인·설명해야 하는 것들은 일반인이 공인중개사를 거치지 않으면 알기 어려운 내용들에 한정되고, 그 외의 사항에 대해서는 원칙적으로 설명

확인 및 설명 의무의 대상
(공인중개사법 제25조, 동법 시행령 제21조)

1. 해당 중개 대상물의 상태·입지 및 권리관계
2. 법령의 규정에 의한 거래 또는 이용제한사항
3. 중개 대상물의 종류·소재지·지번·지목·면적·용도·구조 및 건축연도 등 중개 대상물에 관한 기본적인 사항
4. 소유권·전세권·저당권·지상권 및 임차권 등 중개 대상물의 권리관계에 관한 사항
5. 거래예정금액·중개보수 및 실비의 금액과 그 산출내역
6. 토지이용계획, 공법상의 거래규제 및 이용제한에 관한 사항
7. 수도·전기·가스·소방·열공급·승강기 및 배수 등 시설물의 상태
8. 벽면·바닥면 및 도배의 상태
9. 일조·소음·진동 등 환경조건
10. 도로 및 대중교통수단과의 연계성, 시장·학교와의 근접성 등 입지조건
11. 중개 대상물에 대한 권리를 취득함에 따라 부담하여야 할 조세의 종류 및 세율

의무가 없다.

하지만 판례는 법에서 정하지 않았더라도 의뢰인이 중요하게 생각하는 내용에 대해 잘못된 정보를 제공해서는 안 된다고 본다. 판례에 따르면 중개사는 부동산을 팔고자 하는 사람

이 실제로 그 부동산의 소유자가 맞는지 등기권리증 등을 통해 확인할 의무가 있고, 부동산에 설정된 근저당권으로 담보하고 있는 채무의 이자가 얼마인지를 제대로 확인하지 않아 잘못된 정보를 제공한 경우에도 책임이 있다고 본다. 또한 거래 대상물의 가격 정보도 중요한 정보이므로 잘못된 정보를 제공하면 안 된다.

그렇다면 확인·설명 의무에 따라 공인중개사가 깡통 전세를 확인해야 할 의무도 있는 것일까? J 씨가 피하고 싶은 깡통 전세가 단순히 매매 가격보다 전세 가격이 더 비싼 매물을 말하는 것이라면 중개사는 매물의 적정 시세와 전세 가격에 대해 올바른 정보를 알려줄 의무가 있으므로 중개사가 확인해줄 의무 사항에 해당한다고 볼 여지도 있다. 하지만 J 씨가 피하고 싶은 것이 집주인이 보증금을 언제든 돌려줄 수 있는 충분한 금전적 여력이 없는 경우를 말하는 것이라면, 중개사가 이것까지 확인해줄 의무는 없다. 우리나라 법원은 중개사의 확인·설명 의무를 판단할 때, 중개사가 해당 정보를 얻을 수 있는지, 혹은 조금만 노력하면 알 수 있는 정보인지 여부도 고려하는데, 집주인의 재력에 대해서 알 방법도 없고, 집주인이 계약 시 받은 보증금을 어떻게 관리, 처분하는지도 알 수 없기 때문이다.

이제 J 씨는 어떻게 해야 할까? 최선의 방법은 언제나 법보다는 예방과 협력이다. 전세 거래가 활발한 주택을 거래하고, J 씨가 이사하기 전에 다음 세입자와 계약하는 것에 최대한 협조하는 것이다.

우선, 거래가 활발한 주택이어야 실수요가 많아 다음 세입자를 구하기도 쉬우니 거래가 잘 이루어지는 주택을 고르자. 단독주택, 빌라보다는 아파트가 좋고, 세대수가 많을수록 거래가 활발하다. 자금이 부족하여 빌라를 이용해야 한다면 외진 곳보다는 빌라를 이용하려는 수요가 많은 곳이 안전하다.

다음으로, 이사 일정과 새로운 세입자의 계약 일정을 임대인과 잘 협의하자. 방을 빼면 당연히 보증금을 돌려받을 것이라는 생각에 집주인에게 아무 말도 하지 않고 있다가 갑자기 계약 만료 통지를 하는 경우가 있다. 그러다 집주인이 보증금을 바로 돌려주지 않는다며 상담하러 오는 경우가 꽤 많다. 계약이 종료되면 보증금을 반환해야 하는 것이 당연한 원칙이지만, 집주인이 새로운 세입자에게 받을 보증금으로 기존 세입자에게 반환할 보증금을 충당하는 것은 관행이기도 하고, 무엇보다 가장 빠르게 보증금을 돌려받는 방법이다. 보증금을 돌려받아야 하는 날과 새로운 세입자가 보증금을 지급하는 날을 최대한 가깝게 맞추는 게 가장 간편하다. 보증금을 주지 않을 것 같다고 다짜고짜 내용증명 발송하고, 소송하고, 경매하고, 싸우는 것보다는 집주인과 협력하여 최선의 결과를 만들어보자.

10장

계약서에 넣으면 좋을 특약 모음집

만반의 준비를 끝낸 J 씨, 드디어 마음에 드는 집을 발견하고 계약금 4,000만 원을 지급하여 전세 계약을 체결했다. 혹시 몰라 손해배상을 할 일이 발생하면 계약금만큼 손해배상을 하기로 꼼꼼히 계약서도 준비했다. 어느새 잔금을 치를 날이 되어 J 씨는 설레는 마음으로 잔금 지급과 동시에 주택을 인도받으러 나갔다. 반려동물 몽실이도 새집에서 사는 것이 신나는지 연신 꼬리를 흔들었다. 그런데 J 씨와 몽실이가 집 앞에 도착하자, 집주인의 표정이 굳어지는 것이 아닌가? "J 씨, 반려견 키운다는 말은 없었잖아요? 전세 계약은 해지해야겠어요."

이삿날 이게 무슨 청천벽력 같은 소리인가! 안전한 전셋집을 알아보고, 전셋값 마련하는 것만 생각하다 보면 막상 거주하는 동안 곧바로 문제가 될 일들을 놓치기 십상이다. 살 곳을 고르기만 하면 공인중개사가 모든 서류를 설명하고 챙겨주니, 계약서를 작성할 때 금액이 제대로 작성되어 있는지만 확인하고 나머지는 중개사에게 맡겨버리기 때문이다. 이번 장에서는 계약서를 작성할 때 꼭 알아야 할 사실들을 살펴보자.

'특약사항'만 잘 챙겨도 똑똑하게 계약할 수 있다

전월세 계약서는 일반적으로 사용하는 표준 양식이 있고, 중개사는 이것을 기준으로 필수적인 사항을 확인해준다. 계약서 일반 양식에 없는 개개인의 특수한 사정은 '특약사항'에 넣을 수 있고, 이것은 본인이 직접 챙겨야 한다.

우선 표준계약서의 내용을 살펴보자. 표준계약서에는 전월세 계약을 체결할 때 반드시 정해야 하는 사항이 기재되어 있다. 보통 당사자가 확인하는 부분은 보증금, 월세 등 금전적인 내용으로, 이는 '계약 조건'에 해당한다.

계약서를 작성할 시점이라면 보증금, 월세 등은 거의 협의가 끝난 상황이다. 그래서 이때는 '계약 조건'보다는 특약사항을 정리하는 것이 더 중요하다. 계약 조항의 기본적인 형식과 내용은 어느 정도 정형화되어 있는 반면 특약사항은 당사자 사이에서 자유롭게 협의해서 추가할 수 있기 때문에 범위가 매우 넓다.

가장 흔하게 볼 수 있는 특약사항은 '원상회복 의무'에 관한 것이다. 잠깐 살더라도 예쁜 집에서 살고 싶은 마음에 벽지를 핑크빛으로 물들이고, 전등과 문손잡이를 갈아 끼우는 등 어떻게 집을 예쁘게 꾸밀지만 생각하고 있진 않은가? 원상회복 의무는 계약 기간이 끝났을 때, 주택의 도배, 장판, 인테리어 등 주택 상태를 계약 체결 시점으로 복구해야 하는 것을 말한다. 임대인이 특약사항에 원상회복을 해야 한다고 적으면, 임차인은 방을 뺄 때 이 모든 인테리어를 다시 원래의 상태로 돌려 놓아야 한다. 물론 임차인의 비용으로 말이다. 만약 특약을 넣지 않으면 임차인은 원상회복을 할 필요가 없다. 짐을 뺀 뒤 간단히 청소하고 나가면 된다.

일반적으로 임차인에게 원상회복 의무가 있는 것으로 정하는 경우가 많다. 이 경우 임차인이 거주하는 동안 못을 박은 곳은 메꿔야 하고, 도배나 장판, 문틀 등이 상한 경우 새로 도배, 장판 등을 해야 할 수 있으며, 인테리어를 했던 것은 전부 철거하고 원래 상태로 복구시켜야 한다.

그럼 원상회복 특약을 넣지 말아야겠다고 생각할 수도 있다. 현실적으로 원상회복을 하지 않겠다고 계약하는 경우는 드물기 때문에 특약사항을 안 넣겠다고 집주인과 실랑이를 벌이기보다는 원상회복을 부당하게 많이 하는 일이 없도록 주의하는 데 신경 쓰자.

계약 후 처음 집에 들어가면 집의 상태를 꼼꼼히 살피고 훼손된 부분이 있으면 사진을 찍고 집주인에게 전송하여 미리 확인시켜주는 것이 좋다. 전등, 문틀, 창문 등 기본 시설물에 이상은 없는지, 벽에 못질이 되어 있는 곳은 없는지 등을 꼼꼼히 살피고 미리 확인하는 것이 좋다. 이렇게 하지 않으면 내가 못질한 것이 아닌데도 방을 뺄 때 메꿔주고 나가야 할 수 있다. 그리고 원상회복까지 고려해서 도배보다는 커튼처럼 간단히 탈부착할 수 있는 인테리어 위주로 집을 가꾸는 것이 좋다.

J 씨의 사례처럼 반려동물과 함께 살 예정이라는 내용은 어떨까? 특약사항에 기재하지 않았다면 어떻게 되는 걸까?

임차인이 미리 알리지 않았다면
사회 통념에 따라 판단

반려동물과 함께 생활하는 인구가 늘어난 요즘은 아파트 등 공동주택에서도 반려동물과 함께 사는 가구를 흔히 볼 수 있다. 그렇다 보니 반려동물에 관한 사항을 정하지 않고 계약했다가 나중에 갈등이 생기곤 한다. 하급심 판례는 임차인이 임대인에게 반려동물과 함께 거주할 예정이라는 점을 미리 고지할 의무가 없고, 반려동물에 대해 미리 이야기하지 않았다고 하더라도 임차인의 잘못은 아니라고 보았다(서울중앙지방법원 2017나 63995 판결).

위의 사례는 임차인이 임대인에게 미리 말하지 않고 소형 반려견 세 마리를 양육하며 임차하려던 사례인데, 계약서에 반려동물 금지라는 특약 조건이 없었다는 점, 사회 통념상 공동주택에서도 반려견을 기르는 것이 문제시되지 않는다는 점, 반려동물이 소형견이라는 점을 참작했다.

단순히 "임차인은 반려동물에 대해 임대인에게 미리 말하지 않아도 된다"라고 잘못 알고 있으면 안 된다. 판례가 판단한 과정을 잘 살펴보자. 반려동물이라면 함께 살아도 된다는 것이 아니라, '사회 통념상 인정되는 범위'가 기준이다. 일반적으로 공동주택에서 허용되는 종류의 동물(소형견, 고양이, 관상용 소형 물고기 등)이나, 공동주택에서 이웃과 함께 생활하는 데 불편함을 주지 않는 경우라면 위 판례와 같은 결론이 나올 수 있다. 하지만 공격성이 있는 대형견 혹은 일반적으로 보기 어려운 특수한 종류의 동물이라면 다른 판단이 내려질 가능성이 충분히 있다.

임차인 잘못은 아니지만 손해배상은 글쎄?

J 씨가 반려동물을 키운다는 사실을 알게 되자, 집주인은 갑자기 전세 계약을 해지하겠다고 한다. 앞에서 본 것처럼 J 씨가 반려동물에 대해서 미리 말하지 않은 것이 J 씨의 귀책 사유가 아니기 때문에 J 씨의 잘못이 없어 보이는데, 하루아침에 살 곳을 다시 찾아야 하는 J 씨는 어떻게 배상받을 수 있을까?

유사한 사례에서 법원은 "집주인이 일방적으로 계약을 해지한 것이니 계약금 4,000만 원을 돌려주는 것 외에 추가로 손해배상을 해야 한다"고 하였다. 하지만 계약서에서 정한 손해배상의 예정액 4,000만 원이 다 인정되지는 않았다. 실제로 J

씨가 입은 손해가 크지 않다는 이유로 4,000만 원이 아닌 그 30%에 해당하는 1,200만 원을 지급하는 것이 적절하다고 본 것이다.[*]

왜 이런 판결이 나온 걸까? 실제 손해배상 소송에서 손해액을 판단하는 가장 중요한 기준 중 하나는 실제로 발생한 손해가 어느 정도인지이다. 그중에서도 객관적으로 증명할 수 있고 수치로 표현할 수 있는 금전적 손해가 핵심이다. 이 사례에서도 임차인이 입은 손해액이 중요한 판단 근거가 되었다. 재판부는 임차인이 이 사건으로 인해 지출한 소송 비용까지 고려해서 실제로 입은 손해가 크지 않다는 이유로 손해액을 1,200만 원으로 책정했다. 2심까지 소송을 진행할 때 발생하는 변호사 보수가 1,000만 원 정도라는 점을 고려하면, 손해가 거의 없다고 보았던 것 같다.

그 외에도 집주인이 보증금 또는 월세를 올려받을 생각이나 그 밖에 다른 의도로 계약을 파기하려는 것이 아니라 반려동물이 함께 거주할 것을 알았더라면 임대할 생각이 없었다는 점이 인정된 것도 한몫했다.

재판부는 이러한 점을 고려하여 집주인이 손해를 배상해주는 것은 맞지만, 30% 정도가 적당하다고 판단한 것이다. 임차

• 이 금액도 1심에서는 500만 원만 인정되었다가 늘어난 것이다. 서울중앙지방법원 2018.5.30. 선고 2017나63995 판결.

인이 소송을 진행하는 동안 들인 시간이나 비용을 생각하면 결국 배상받은 금액은 거의 없다고 보아야 할 것 같다.

정답은 특약사항 챙기기

그런데 실제로 집주인과 문제가 생겼을 경우 대부분 소송을 하는 것보다는 원만히 해결하는 선택을 하게 될 것이다. 당장 편안히 살 집이 필요하고, 법정 싸움은 오래 걸리기 때문이다. 반대로 임차인이 집주인에게 배상해주어야 할 경우가 생길 수도 있다. 임차인이 데려온 반려동물 때문에 손해를 끼칠 수도 있기 때문이다. 예를 들어 반려동물의 소음이나 주인이 제지하지 못한 공격 등으로 이웃 주민의 생활을 방해하는 경우가 있을 수 있다. 다른 임차인들이 집주인에게 불만을 지속적으로 제기한다든가, 계약 기간을 채우지 않고 중도에 해지하려고 하거나, 중도에 세입자가 나간 뒤 새로운 세입자가 구해지지 않는 등 피해가 생긴다면 반려동물을 관리하는 임차인이 손해를 배상해야 할 수 있다. 그리고 이런 경우에는 임대인이 임대차계약 기간이 만료된 뒤 갱신을 거절할 수도 있다.

특약사항을 구체적으로 적어둘수록 이런 분쟁을 미리 방지할 수 있고, 분쟁이 발생하더라도 명확한 기준에 따라 합리적으로 해결할 수 있다. 반려동물 금지 또는 허용이라고 기재하는 것도 좋지만, 이왕이면 반려동물의 종류와 수도 기재하면 더 좋다. 구체적일수록 예상할 수 있는 합리적인 범위의 불편함, 즉 소음이나 냄새, 주택 내부의 훼손 정도를 반영해서 추가 특약사항을 정할 수 있을 것이다.

골라 쓰는 특약사항 모음집

임차인 입장에서 유리한 특약들

특약사항의 범위에는 제한이 없다. 자주 사용하는 것으로 임차인에게 유리한 특약사항은 다음과 같다.

[임대인은 임차인이 반려동물(중형견 한 마리, 소형견 한 마리)과 함께 생활하는 것에 동의한다.]

[임대인이 사전에 고지하지 않은 국세나 지방세 체납 사실이 확인된다면 임차인이 계약을 해지할 수 있으며, 이 경우 임대인이 보증금 등 원금을 전부 임차인에게 반환하고, 임차인은 별도의 손해를 배상하지 아니한다.]

[계약 체결일 이후 잔금일까지 부동산에 권리 변동 사항이 발생하면 즉시 계약을 해지할 수 있다. 이 경우 임대인은 계약금의 배액을 임차인에게 배상한다.]

[잔금 지급 완료 후 일주일 이내 부동산에 근저당권 등 추가 부담을 설정하지 않고, 소유권 이전 설정을 하지 않는다.]

[근저당권을 승계할 경우, 매도인이 잔금일까지 대출이자를 부담한다.]

[매도인은 잔금일에 매수인에게 소유권 이전에 필요한 모든 서류를 넘겨준다.]

[매수인이 부동산을 인도받기 이전에도 인테리어를 위해 실내를 방문할 필요가 있을 경우, 매도인은 이에 협조한다.]

[현 상태로의 계약임 or 현 시설물 상태로의 계약임]*

• 계약 체결 시점의 부동산 상태(또는 내부 시설물 상태) 그대로의 계약이라는 뜻으로, 그 시점에 이미 발생한 하자에 대해서 책임이 없다는 뜻의 특약이다. 임차인 입장에서는 눈에 보이는 하자가 있는 경우, 미리 사진을 찍어 임대인에게 전송하고 위 특약 문구를 넣으면 좋고, 임대인 입장에서는 쉽게 발견하지 못한 작은 하자에 대해서 책임지지 않기 위해 특약 문구를 사용하기도 한다. 자신의 상황에 맞게 특약을 넣거나 빼서 사용하면 된다.

3부

결혼 또는 이혼을
준비할 때

11장

동거, 사실혼, 결혼의 차이점

칠순을 앞둔 K 씨는 딸 M 씨를 볼 때마다 속이 답답하다. 삼십 대 중반을 훌쩍 넘겼는데도 결혼을 하지 않고 있기 때문이다. 더 답답한 건, M 씨가 연애를 안 하는 것도 아니고 이미 3년째 남자친구와 동거를 하고 있는데도 결혼할 생각이 전혀 없다는 것이다. 하지만 M 씨는 "동거로 충분한데 굳이 왜 결혼을 해야 하느냐"라고 말한다. 동거와 결혼이 같냐는 K 씨는 딸의 말이 도무지 이해되질 않는다. 그런데, 동거로 정말 충분할까? 동거는 편하고, 결혼은 복잡하고 힘들기만 한 걸까? 동거와 결혼, 실제로 어떤 차이가 있는지 알아보자.

법률혼, 사실혼, 동거 무엇이 다른가요?

통계청이 발표한 〈행정자료로 살펴본 2022년 25~39세 청년의 배우자 유무별 사회·경제적 특성 분석〉에 따르면 2022년 기준 25~39세 청년 10명 중 3명 정도만 결혼한 것으로 나타났다. 왜 이렇게 많은 젊은이들이 결혼을 망설이고 있는 것일까? 확실히 요즘은 과거와 달리 결혼을 인생에서 당연히 거쳐야 하는 절차

로 여기지 않는 듯하다. 그런데, '결혼은 선택'이라는 말의 바탕
에는 실제로 결혼과 비혼 중 나에게 맞는 선택을 하겠다는 의
미보다는, 결혼 자체에 대한 부정적인 생각이 깔린 것처럼 보
인다. 결혼을 하면 그동안 누린 자유가 없어지거나 개인의 삶
이 제한된다는 걱정이 부쩍 커진 것이다. 실제로 그럴까? 법률
가의 입장에서 보자면, 권리 없는 의무는 없기 때문에 결혼으로
제한된다고 생각하는 것만큼 득이 되는 것들도 분명 있을 것이
다. 결혼의 힘든 면만 걱정하기보다는 실제로 어떤 것들이 달라
지는지 알아보자.

어떻게든 관계가 유지되는 것이 중요하고, 위기에 대응할 수
있는 안전망이 필요하다고 생각하는 사람은 결혼이 맞을 수
있다. 여기서 말하는 '결혼'은 혼인신고를 통해 법적으로 부부
가 되는 것을 말하고, 이것을 '법률혼'이라고 한다. 일단 혼인
신고를 하면 인생에서 거의 되돌릴 수 없는 선택을 하는 것이
라고 보면 된다. 마음대로 헤어질 수 없고, 헤어지더라도 혼인
이력이 기록으로 남는다. 부부로서 책임과 의무, 즉 함께 살며
서로 부양할 의무를 다해야 하고, 그렇지 않을 때 법적인 제재
를 받을 수 있다. 이렇게 혼인신고는 불가역적인, 상당히 부담
스러운 선택이기 때문에 최근 많은 젊은 부부들 사이에 '혼인
신고를 하지 않고 일단 살아보며 지켜보는' 문화가 생긴 것이
아닐까 싶다.

수틀리면 간편하게 헤어질 수 있도록 혼인신고를 유보하는

것은 실제로 효과가 있을까? 그렇다. 결혼식을 올리고 보통의 부부처럼 생활하지만 혼인신고 하나만 하지 않아도 많은 것들이 달라진다. 복잡하고 오래 걸리는 이혼 절차를 거치지 않아도 하루아침에 연인 관계를 정리하듯 헤어질 수 있다. 이런 관계를 '사실혼'이라고 한다. 단, 쉽게 헤어질 수 있는 만큼 상대방에게 요구할 수 있는 법적 권리도 부족하다는 점을 같이 생각해보아야 한다. 대표적으로 오랜 세월 사실혼 관계를 유지했더라도 배우자가 사망했을 때 재산을 상속받기 어렵다.

마지막으로 '동거'는 같은 집에서 함께 살며 생활하는 사이를 말한다. 동거인은 서로를 결혼한 사이라고 생각하지 않고, 주변 사람들도 그들을 부부로 생각하지 않으며, 가족 간 왕래가 없는 등 실제 생활도 부부와는 차이가 있다. 단순히 동거 기간이 길면 사실혼이나 마찬가지라고 여기는 경우가 많지만 그렇지 않다. 사실혼은 동거보다는 법률혼에 훨씬 가까운 개념이다.

얼마나 동거하면 사실혼이라고 볼 수 있나요?

결혼을 준비하고 있던 J 씨는 최근 예비 신랑의 동거 경험을 알게 된 뒤 파혼을 통보했다. "변호사님, 결혼을 약속한 남자친구가 저를 만나기 전에 5년이나 동거했던 것을 숨겼어요. 이걸로 파혼해도 제 책임은 아닌 거죠? 이미 청첩장도 다 돌렸는데 위자료를 받을 순 없을까요?"

연인 또는 배우자의 과거 이성과의 동거 경험에 대해 민감하게 생각하는 사람이 많다. 특히 동거 기간이 길다면 사실혼과 마찬가지라고 여기면서 이러한 과거 동거 이력을 미리 알리지 않는 것은 기망이라고 주장하기도 한다.

연인이 과거에 장기 연애를 했거나 동거한 사실이 있는 것을 꺼리는 사람들이 많다. 그러면서 "사실상 이혼이지! 사실혼이지!"라고 평가하기도 한다. 오랜 기간 서로 봐왔거나 동거를 통해 내밀한 사생활까지 서로 아는 정도라면 그만큼 가깝고 깊은 관계였을 것이라 짐작하기 때문이다.

그런데 단순히 오래 교제하거나 동거 기간이 오래되었다고 해서 사실혼이 되는 것은 아니다. 사실혼이란 실제로 결혼한 부부이지만 혼인신고만 하지 않은 정도의 관계를 말한다. 애초에 사실혼이라는 개념은 법적인 혼인 관계가 아니더라도 그와 유사하게 보호할 필요가 있을 때 일정 부분 법적으로 보호해주기 위해 생긴 개념이기 때문이다. 그래서 사실혼 관계는 법률혼과 겉으로 보기에는 거의 아무런 차이가 없다.

법원은 사실혼으로 인정받으려면 몇 가지 조건이 필요하다고 본다. 첫째, 당사자가 진정으로 '결혼한 사이로서 함께 사는 것'이라고 생각해야 한다. 따라서 '결혼을 전제로 한' 동거도 아직 사실혼이 될 수 없고 단순 동거에 불과하다. 둘째, 누가 보더라도 혼인한 사이라고 생각할 만한 모습으로 생활해야 한다. 예를 들면 부부의 자격으로 부부 동반 모임에 참석하거나, 상대방 가족의 대소사에 함께 참여하고 챙긴다거나 하는 일을 말한다. 이것을 법적으로 '혼인 생활의 실체'라고 표현한다. 오래 동거했다면 혼인 생활의 실체가 있었다고 주장해볼 수는 있다. 하지만 그것만으로는 충분하지 않고, 다른 사유들이 합쳐져야 사실혼으로 인정받을 수 있다. 일반적으로 소송에서 사실혼을 인정받으려면 아래와 같은 예시가 필요하다.

사실혼을 인정받기 위해 필요한 사실 예시

1. 상견례, 결혼식을 올린 사실
2. 동일한 주소에 주민등록을 하고 동거 중인 사실
3. 가족들이 '여보', '며느리', '사위' 등의 호칭을 사용한 사실
4. 지인 모임, 행사에 서로를 배우자로 소개하거나 부부로서 참석한 사실
5. 지인들이 사실혼 부부를 부부로 생각하고 있다는 사실
6. 가족 행사(명절, 제사, 생신, 어버이날 등)에 가족(부부)으로서 참여한 사실
7. 공동생활을 영위하면서 경제적인 부분을 공동으로 관리, 지출하는 사실

한편, 애초에 혼인할 수 없는 사람들은 아무리 사실혼의 조건을 갖췄어도 사실혼이 되지 않는다. 사실혼은 혼인신고를 하지 않았는데도 혼인신고를 한 사람들과 비슷하게 취급하는 것이기 때문이다. 예를 들어 근친 관계나 미성년자 간의 결혼(부모의 동의가 없었을 경우) 등이 있다.

일상생활에서 결혼한 부부와 사실혼 부부는 거의 다르게 느껴지지 않는다. 동거와는 차원이 다른 관계라고 보면 된다. 내가 아닌 다른 사람과 과거에 깊고 특별한 관계를 맺은 것에 속상한 마음은 이해되지만 동거를 사실혼이라고까지 확대해석하며 힘들어할 필요는 없다. 물론, 과거 동거 이력은 혼인을 할지 말지 결정하는 중요한 정보라는 점에서 다른 의미로 굉장히 중요한 사실이긴 하겠지만 말이다.

미혼 출산은 불법인가요?

방송인 사유리는 혼인하지 않은 상태로 정자은행에서 정자를 기증받아 일본에서 아들을 출산했다. 사유리가 비혼 출산을 하게 된 계기는 산부인과에서 난소 나이 검사를 받은 결과, 의사로부터 지금이 아니면 평생 아이를 가질 수 없다는 말을 들었기 때문이다.

우리나라는 유례없는 출산율 0.72명을 기록하며 말 그대로 국가가 소멸해버릴지도 모른다는 위기에 처해 있다. 흔히 출산율은 혼인율과 함께 움직인다고 한다. 아이를 낳으려면 먼저 결혼을 해야 한다는 인식이 뿌리 깊이 박혀 있기 때문이다. 그런데 청년들이 결혼을 하지 않으니 출산율도 함께 바닥을 찍고 있는 것이다.

결혼이 출산의 선결 조건인 한국에서, 방송인 사유리의 출산 소식은 임청난 화제가 되었다. 결혼하지 않고 아이를 가진 것은 물론이고, 아이의 아버지와 어떤 관계도 없는, 심지어 누군지도 모르는 '정자 기증' 방식으로 아이를 낳았다고 하니 얼마나 이례적인 일인가! 그런데 사유리는 한국에서 정자 기증을 받아 출산하는 것이 가능하지 않아 일본에서 출산할 수밖에 없었다고 한다. 왜 그런 걸까? 한국에서는 미혼 출산이 불법인 것일까?

결론부터 말하자면 미혼 출산이 불법은 아니다. 미혼 출산으로 낳은 자식을 일컫는 법률 용어도 존재한다. 한 번쯤 들어봤을 '혼외자'가 바로 그것이다. 그런데 사유리는 왜 한국에서 정자 기증을 받을 수 없었다는 걸까? 미혼인 상태로 아이만 가지려면 두 가지 방법이 있다. 아이의 아버지가 될 사람과 함께 자연 임신을 하거나, 정자를 기증받아 시험관 시술을 하는 것이다. 그런데 한국에서 미혼 여성은 사실상 정자 기증을 통한 출산을 할 수 없다. 대한산부인과학회의 '보조생식술 윤리지침'에 따르면 시험관 시술 등은 부부만을 대상으로 할 수 있기 때문이다. 대한산부인과학회는 생명윤리 및 안전에 관한 법률에서 보조생식술을 하는 경우 배우자 동의가 필요하다고 정하고 있고, 결혼하지 않은 사람들이 임신이 아닌 다른 목적으로 보조생식술을 악용할 가능성이 높다는 이유로 해당 지침을 유지하고 있다.

하지만 2022년 국가인권위원회는 대한산부인과학회의 주장을 인정하지 않고 해당 지침에 대한 개정 권고를 내렸다. 생명윤리법은 배우자가 있는 사람이 보조생식술을 할 때 배우자의 동의를 받으라는 취지이지 미혼의 시술을 금지하는 것이 아니고, 기혼에 비해 미혼의 악용 가능성이 높다는 것도 근거가 없다는 것이다. 그러나 인권위원회의 권고는 법적 강제력이 없어 아직 대한산부인과학회는 이 권고를 받아들이지 않고 있다.

그런데 대한산부인과학회의 윤리지침이 시대의 변화를 따라가고 있는지 재고해볼 필요가 있다. 우리나라의 출산율 관련 지표 중에서 거의 유일하게 오르고 있는 지표가 바로 미혼 출산율이기 때문이다. 2023년 통계청이 발표한 '2023년 출생 통계'에 따르면 출생아 중 법적 비혼 관계에서 태어난 아기의 수가 전년보다 1,110명 늘어난 1만 900명으로, 전체 출생아에서 차지하는 비중도 4.7%로 역대 최대치를 기록했다고 한다. 게다가 여성가족부가 2020년에 실시한 가족 다양성에 대한 국민인식조사에 따르면, '결혼하지 않고 아이를 낳는 것'에 동의하는 비율이 50.6%나 되어 결혼해야만 출산할 수 있다는 관념이 많이 바뀌고 있는 것으로 보인다.

여하튼 미혼 출산이 불법은 아니니 만약 연인과 아이를 낳고 싶다면 자유롭게 선택하면 된다. 하지만 미혼 출산을 결심하는 것은 결혼을 결심하는 것보다 몇 배 더 무거운 선택지일 것이다. 결혼은 잘 안 맞으면 이혼하면 되지만, 아이는 한번 낳으면 그야말로 되돌릴 수 없기 때문이다. 결혼하지 않고 아이만 갖기로 하는 결정에는 고려할 사항이 더 많다. 현실적으로 어떤 것들을 생각해보아야 할까?

한국에서 비혼으로 산다면
현실적으로 고려할 점은?

아직 결혼하지 않고 연애만 하고 있는 B 씨는 고민이 많다. B 씨와 남자친구는 결혼을 원치 않아 계속 연애만 하고 있었는데, 남자친구가 결혼하지 않고 아이만 가지면 어떻겠냐는 제안을 했기 때문이다. B 씨도 아이만큼은 언젠가 꼭 가지고 싶었기 때문에 일단 긍정적인 대답을 한 뒤였다. 하지만 막상 생각해보니 많은 것이 걸렸다. 아이의 호적 문제는 어떻게 되는지, 행여나 헤어지게 된다면 남자친구와 아이의 관계는 어떻게 되는지, 이럴 거면 그냥 결혼해야 하는 것이 아닌지 등 여러 가지 고민이 꼬리에 꼬리를 물었다.

방송인 신동엽이 어느 방송에 나와서 결혼에 대해 한 말이 있다. "편하게 살려면 혼자 살고, 행복하게 살려면 결혼하라"는 말이다. 행복의 정의는 사람마다 다를 테니 결혼한다고 꼭 행복한 것은 아니겠지만, 혼자 살면 편하다는 말에는 법적으로 유의미한 부분이 있다. 어떠한 법적 의무에도 구속되지 않으니, 지금의 생활을 유지하며 자유롭게 연애하고, 간편하게 이별하며, 부모님 외에 누군가를 돌볼 의무 없이 살아갈 수 있다.

그런데 의무가 없으면 권리도 없는 법이다. 법적 가족을 전제로 하는 다양한 제도적 혜택을 받을 수 없다. 예를 들어 가족 구성원은 일정한 요건을 충족하면 다른 가족 구성원을 건강보험상 피부양자로 등록할 수 있어서 보험료 부담 없이 의료혜택을 받을 수 있고, 주택 공급과 관련해서 신혼부부 특별공급에 지원할 자격이 주어지기도 하며, 기업의 출산, 육아 관련 휴직 제도는 결혼한 부부에게만 인정되고, 부부간 및 가족간에는 증여세를 공제해주는 비중이 커서 세금을 납부하지 않고 재산을 서로 공유할 수도 있다. 사소해 보일지라도 사회에서 배제당하는 듯한 느낌은 유쾌하지 않을 수 있다. 짝은 있지만 결혼만 하지 않는 길을 고민하고 있다면, 단순히 결혼으로 얻게 될 부담만이 아니라 결혼하지 않음으로써 잃게 될 현실적인 문제도 고려해보길 바란다.

비혼 출산 시 고려해야 할 점들은?

B 씨처럼 결혼은 하지 않되 아이는 갖고 싶다면, 어떤 점을 생각해보면 좋을까? 앞서 본 것처럼 아직 한국에서 여성 혼자 정자 기증을 받아 임신하는 방식은 현실적으로 어렵다. 사실혼, 동거 또는 연애 관계에서 아이를 낳는 것은 어떨까?

우선 비혼 출산을 고려할 때 가장 중요한 것은 '친부 관계'를 형성하는 것이다. 비혼 출산을 결정할 때, 스스로 모순된 바람을 가지고 있는 것은 아닌지 생각해보면 좋겠다. 비혼 출산으로 형성된 가족은 느슨한 관계와 끈끈한 관계가 섞이게 된다. 많은 경우 부부 사이의 관계는 언제든 헤어질 수 있도록 자유롭게 남겨두되, 부모와 자식 간 관계는 구속되도록 만들려 하기 때문이다. 만약 이것을 원하는 것이 맞다면, 아이를 출산한 뒤 가장 먼저 해야 하는 것은 아버지와 자식 간의 법적 관계를 만들어두는 것이다.

여성은 자신의 몸에서 아이를 직접 낳았기 때문에 별다른 절차 없이 아이의 친모로 즉시 인정된다. 낳자마자 법적으로 부모 자식 관계가 되는 것이다. 하지만 남성은 그렇지 않기 때문에 아버지로 바로 인정해주지 않는다. 결국 결혼하지 않은 상태에서 낳은 아이는 일단 혼외자가 된다. 남성은 아버지 자격이 없는 상태이기 때문에 어머니가 출생신고를 해야 하고, 당연히 어머니의 성과 본을 따라 기록된다. 가족관계등록부의

'아버지란'은 공란으로 남아 있게 된다. 친부 관계가 인정되지 않기 때문에 양육권과 친권도 어머니만 단독으로 갖게 된다. 아버지와 자식의 법적 관계가 없는 상태이기 때문에 양육비를 청구할 수 없고, 아버지 사망 시 자식이 상속받을 수도 없다.

이게 싫다면 어떻게 해야 할까? 아버지와 아들의 친부 관계를 법적으로 인정받아야 한다. 이것을 인지라고 하는데, 아버지 스스로 인지 신고를 할 수도 있고, 아버지가 하지 않으면 소송을 통해 인지할 수도 있다. 모든 소송이 그러하듯 인지 소송도 수개월에서 1년 이상 걸릴 수 있어서 많은 시간과 비용이 들어간다는 점도 참고하자.

혼인신고는 최대한 미루는 게
현명하다?

내년 결혼을 앞두고 결혼 준비가 한창인 A 씨. 그런데 친구인 B 씨가 당부하듯이 "혼인신고는 최대한 늦게 해! 알지?" 하는 것이 아닌가? 결혼과 혼인신고를 따로 생각해본 적이 없는 A 씨가 놀라면서 "왜 혼인신고를 미뤄야 하느냐?"고 묻자, B 씨가 말하길, "연애 중엔 마냥 좋지? 결혼하면 서로 편해지고, 생활 습관 차이도 커서 엄청 싸워. 확 없었던 일로 물러버리고 싶은 날이 얼마나 많은데? 혼인신고만 안 했으면 그냥 헤어지면 되니까 얼마나 편해" 하는 것이 아닌가. 그날 이후 고민이 깊어진 A 씨는 변호사를 찾았다.

결혼을 앞둔 사람들 사이에서 혼인신고를 하면 결혼을 무르기 어려우니 살아보고 나서 혼인신고를 하라는 말이 돌곤 한다. 혼인신고를 하면 서로에게 애써 노력하지 않아 긴장감이 사라진다거나, 결혼 전에는 몰랐던 단점들을 발견해도 쉽게 헤어지기 힘들기 때문에 결혼 이력을 남기지 않고 조용히 헤어질 방법으로 혼인신고를 늦추려는 것 같다.

맞는 말이다. 하지만 혼인신고를 이렇게 단순하게 생각할 것은 아니다. 혼인신고가 불러오는 효과는 막연히 헤어지기 어려워진다는 수준을 넘어서는 것이기 때문이다. 국가가 인정하는 가족이 되어 국가의 제도권에 들어갈 때, 실제로 내 삶에 어떤 변화가 오는지 알아보고 현명한 선택을 하자.

혼인신고를 하면 어떤 변화가 생길까?

결혼식까지 올렸는데 혼인신고를 하지 않으려는 이유는 무엇일까? 살아보기 전에는 알 수 없었던 문제점을 발견했을 때 쉽게 헤어지려는 것이 가장 큰 이유가 아닐까 싶다. 사실, 중요한 사실에 대해 속은 채로 결혼한 경우, 이른바 '사기 결혼'은 혼인 취소 소송을 할 수 있다. 하지만 실제로 그 사기의 범위가 너무 좁기 때문에 혼인 취소가 가능한 경우는 많지 않다. 대법원은 불임에 이를 정도로 심각한 성기능 장애를 숨겼다 하더라도 이는 약물치료, 전문가의 도움 등으로 개선할 수 있기 때문에 혼인을 취소할 수 없다고 판단하기도 했다.

이렇게 우리 법은 일단 성립된 혼인을 유지하려는 경향이 아주 강하다. 결혼식을 올린 뒤에도 혼인신고를 하지 않는 '위장 미혼'이 바람직하다고 할 순 없겠지만, 결혼을 고려하면서 혼인신고의 무게감을 제대로 알고 신중하게 접근하는 것은 중요하다. 혼인신고의 효과는 한마디로 '강력한 결합'을 만들어 주는 것인데, 이것은 나와 배우자에 국한되지 않는다. 나의 원가족과 앞으로 생길 수 있는 자녀까지 포괄하는 개념이다. 국가가 가족에게 제공하는 제도적 혜택을 누리는 유일한 방법은 혼인신고를 하는 것이다. 가족이 되면 재산을 가족 단위로 유지할 수 있게 되고, 생계도 보호받는다.

예를 들어 내가 한평생 일군 재산은 가족이 있다면 가족에게 상속되지만, 가족이 없다면 국가에 돌아간다. 내가 가족이 아닌 사람에게 큰돈을 선물로 주면 최대 50%까지 세금으로 내야 하지만, 가족 간에는 세액 공제 혜택을 준다. 특히 부부 사이에는 6억 원까지 증여세 없이 줄 수 있는데, 실제로는 훨씬 더 많은 금액이 오가더라도 세금을 부과하지 않는 경우가 많다. 부부 사이에는 생활비 등 다양한 명목으로 자금이 오가는 경우가 많아 법원에서 증여로 인정하지 않는 사례가 많기 때문이다. 그 외에도 배우자는 함께 살며 서로를 부양할 의무가 있고, 부모는 미성년 자녀를 양육하고 보호해야 한다. 이러한 가족 간의 의무를 저버릴 경우, 법은 강제로 재산을 분배(재산 분할 등)하거나 돈을 지급하게 할 수도 있다(양육비 등).

예전에는 가족으로서 의무를 다하지 않더라도 가족이기만 하면 상속 지분이 인정되었다. 그나마 2019년 가수 구하라의 사망에 따른 상속 사건 때, 구하라에 대한 양육 의무를 저버린 친모의 상속 지분을 20%로 제한하는 진일보한 판결이 내려졌다(친모와 나머지 유가족의 상속 지분 비율이 5 대 5였는데, 친모의 상속 지분을 제한해달라는 취지의 소송에서 4 대 6으로 변경되었다).

반대로 법이 뒤로 물러나면서 가족을 보호하기도 한다. "법은 가정에 들어가지 않는다"는 법언이 있다. 형법에는 범인은닉죄라는 것이 있어서 범인을 숨겨주면 그 사람도 처벌을 받는다. 그런데 내 가족이 범인일 때 그를 숨겨주지 않고 신고해야 한다면 어떨까? 사회는 정의로워질 수 있겠지만 가정은 완전히 파탄 나고 말 것이다. 이처럼 어떤 법이 가정의 질서와 배치된다면 가정 질서를 해치는 것은 물론이고, 궁극적으로 사회질서를 유지하고자 했던 본연의 목적을 달성하지 못하게 된다. 이럴 때는 법을 작동하지 않게 하거나 제한한다.

대표적으로 재산범죄와 범인은닉죄가 있다. 가족 안에서 절도가 발생했을 때, 피해 가족이 고소하지 않겠다고 하면 국가는 가해 가족을 처벌할 수 없다. 아예 형을 면제해주기도 한다. 또한 내 가족이 범죄자이고 내가 그를 신고하지 않고 숨겨주었더라도 나는 처벌받지 않는다.

이렇듯 법은 가족을 여러 측면에서 보호한다. 중요한 점은 여기서 말하는 가족은 원칙적으로 혼인신고를 한 법률혼 가족일 뿐 사실혼 가족은 아니라는 것이다. 기본적으로 사실혼은 법적으로 친족을 형성하지 못하기 때문에 상속과 친족상도례가 적용될 수 없다. 혼인신고를 아직 하지 않은 부부는 상속권이 없고, 배우자 간 증여 시 배우자 공제를 받지 못하며, 형사 범죄에 휘말렸을 때 친족상도례도 적용되지 않는다.

단순한 동거 관계는 어떨까? 법적으로 완전한 남이기 때문에 당연히 혼인 관계에 준하는 보호를 받을 수 없다.

혼인신고는 곧 결혼한 것과 같다

혼인신고의 가장 강력한 효과는 혼인 관계를 마음대로 해소할 수 없고, 기록에서 지울 수도 없다는 점이다. 혼인과 이혼 이력이 혼인관계증명서에 남기 때문이다. 이를 없애기 위해 혼인 사실을 무효 또는 취소하는 경우가 있기는 하지만 극히 예외적인 경우에만 인정된다. 실제로 혼인할 생각 없이 연애 중에 장난스럽게 혼인신고를 한 것이라 하더라도 법적으로 유효한 혼인신고가 된다.

실제 법원에서 판단한 사례가 있다. 결혼할 생각 없이 단순히 연애 중에 사랑의 징표로 혼인신고서를 제출한 사건에서 혼인신고가 무효가 아니라고 판단했던 것이다. 사건 내용은 이렇다. 20대 커플인 A 씨와 B 씨가 교제한 지 얼마 되지 않아 서로의 사랑을 증명한답시고 실제 혼인신고서를 작성해서 제출했다. 하지만 그 연애는 불과 4개월 만에 끝나고 말았다. 그후 A 씨는 그 후 새로운 사람을 만나 결혼 준비를 하게 되었고, B 씨도 다른 사람을 만나고 있었다. 심지어 B 씨는 결혼도

하지 않은 채 아이부터 가진 상태였다. 문제는 A 씨의 예비 신부가 과거 A와 B가 혼인신고를 한 적 있다는 사실을 몰랐다는 것이다. 결국 결혼 준비 과정에서 A 씨의 혼인관계증명서를 보게 된 예비 신부는 A 씨에게 파혼을 통보했다. A 씨는 실제로 결혼한 것이 아니었다고 해명했지만 이미 신뢰는 깨진 뒤였다.

이 사건을 계기로 A 씨와 B 씨는 혼인 관계를 해소하기로 하였다. A 씨는 B 씨와의 혼인신고가 진심이 아니었고, 결혼식도 올리지 않았기 때문에 유부남이 되는 것이 억울하다고 하소연했다. 이에 혼인무효 소송을 제기하였지만, 법원은 이를 모두 기각하였다. 혼인신고의 절차를 모두 적법하게 갖추었으며, 따라서 무효라고 볼 사유가 없었기 때문이다.

그렇다면 앞으로 둘은 어떻게 되는 것일까? 두 사람은 혼인신고를 했던 때부터 지금까지 법적으로 완전한 부부이다. 심지어 A 씨는 B 씨가 다른 남자와의 사이에서 가진 아이의 아버지가 된다. 우리나라 법은 혼인 기간 중에 낳은 자식은 그 혼인 관계에 있는 남편의 자식으로 추정하기 때문이다(이것을 '친생자 추정'이라고 한다). 친부(B 씨의 새로운 남자친구)가 따로 있다고 해도 달라지지 않는다. 아이는 아버지인 A 씨의 호적에 올라가게 되고, 부양의무가 생겨 양육비도 지급해야 한다.

이런 상황에서 벗어나려면 A 씨와 B 씨는 혼인무효소송이 아닌 이혼을 해야 한다. 이에 더하여 A 씨는 B 씨의 아이와 부자 관계를 없애기 위해 친자관계부존재확인소송을 진행해야 한다. 유전자검사를 하면 친자관계부존재확인소송은 쉽게 인용될 수 있지만 비용과 시간이 드는 것은 피할 수 없을 것이다.

이게 끝이 아니다. A 씨에게는 예비 신부와 파혼한 책임도 있기 때문에 예비 신부는 A 씨에게 위자료 청구 소송을 제기할 수 있다. 사안에 따라 다르지만 파혼의 책임이 인정되면 1,000만~2,000만 원 범위에서 위자료가 인정되곤 한다.

법률혼과 사실혼 관계의 차이점

50대 의뢰인 B 씨는 15년 전 이혼한 뒤 새로운 배우자를 만나서 그의 집에서 함께 살게 되었다. 둘은 혼인신고를 하지 않고 살림만 합친 채 15년간 동거해왔다. 그러던 중 갑작스럽게 남편이 사고로 세상을 떠났다. 슬픔에 잠길 새도 없이 남편의 형제들이 찾아와서는 B 씨에게 "혼인신고를 하지 않았으니 상속권이 없다"며 남편 명의로 된 집에서 나가라고 한다.

한편, 또 다른 의뢰인 C 씨는 혼인신고를 하지 않은 채 20년 가까이 살았다. 그러나 최근 헤어지기로 하였는데, 본인이 재산분할을 받을 수 있는지 상담하고자 한다.

B 씨와 C 씨는 모두 혼인신고를 하지 않았기 때문에 사실혼 관계에 해당할 것이다. 둘 다 사실혼이지만 둘의 희비는 극명하게 엇갈린다.

우선 B 씨의 사례를 보자. 사실혼 배우자도 상속을 받을 수 있을까? 그렇지 않다. 사실혼 배우자는 상속 지분이 없다. B 씨는 배우자 소유의 집에서 함께 살아왔는데, 그 집은 배우자의 사망과 동시에 B 씨가 아닌 상속인의 몫이 된다. 만약 B 씨의 배우자에게 자녀가 없고 부모도 이미 돌아가셨다면, 그의 형제들이 그다음 순위로 상속하게 된다. B 씨가 배우자와 함께 살던 집은 이제 형제들 소유가 되니, 형제들이 집에서 나가라고 한다면 나갈 수밖에 없다.*

만약 집이 B 씨 배우자의 자가가 아니라 임대차를 한 경우라면 상황은 조금 다르다. 보증금을 받을 수 있는 여지가 있기 때문이다. 만약 상속인이 없다면 원래는 B 씨도 상속을 받을 수 없는데, 임대차의 경우 특별히 보증금만큼은 사실혼 배우자가 상속할 수 있도록 하였다. 또한 다른 상속인이 있더라도, 사실혼 배우자와만 그 집에서 동거하였던 경우(즉 상속인과는 함께 같은 집에서 살지 않은 경우)에는 사실혼 배우자가 그 상속인과 공동으로 보증금을 상속할 수 있다.

그 밖에 사실혼이 법률혼과 다른 가장 중요한 점 중 하나는

---

* 주택임대차보호법 제9조 제1항 임차인이 상속인 없이 사망한 경우에는 그 주택에서 가정 공동생활을 하던 사실상의 혼인 관계에 있는 자가 임차인의 권리와 의무를 승계한다. 제2항 임차인이 사망한 때에 사망 당시 상속인이 그 주택에서 가정 공동생활을 하고 있지 아니한 경우에는 그 주택에서 가정 공동생활을 하던 사실상의 혼인 관계에 있는 자와 2촌 이내의 친족이 공동으로 임차인의 권리와 의무를 승계한다.

친족 관계가 되지 않는다는 점이다. 민법상 친족 관계는 법률혼을 전제한 개념이다. 사실혼 부부 사이에서 자녀가 출생하면 어머니와는 자동으로 친자 관계가 인정되지만, 아버지는 '인지'라는 절차를 통해 친자 관계가 인정된다. 인지하지 않은 상태에서는 자녀가 혼외자가 된다. 아버지가 인지하고 출생신고를 하여 가족관계등록부에 기록되면 친자 관계가 형성되지만, 만약 아버지가 협조하지 않는다면 인지청구의 소를 통해 친자 관계를 인정받을 수 있다.

혼인신고를 하면 부동산을 살 때 불리하다?

온라인 커뮤니티에서 혼인신고를 하면 부동산을 살 때 불리하다는 말이 쏟아져 나오고 있다. 정말일까? 얼마 전까지는 실제로 혼인신고를 했을 때 불리한 부분이 있었다. 우리나라는 기본적으로 한 세대가 하나의 주택을 가지고 있을 때 세금 혜택이 있고, 한 세대가 두 채 이상의 주택을 가지기 시작하면 중과세를 한다. 만약 각자 한 채씩 집을 가지고 있던 남녀가 결혼하면, 결혼하기 전에는 각자 1세대 1주택이었는데, 결혼한 뒤에는 1세대 2주택이 되므로 중과세 대상이 되는 것이다.

구체적으로 어떤 일이 생겼을까? 첫째, 취득세가 중과된다. 이를 피하려면 5년 안에 한 채를 팔아야 했다. 둘째, 종합부동산세(종부세)가 많이 나온다. 1주택자의 경우, 종부세 기본 공제금이 12억 원인 반면, 다주택자는 9억 원이다. 즉 결혼 전에는 각자 12억 원을 공제받을 수 있었는데, 결혼 후에는 둘이 합쳐 9억 원까지 공제된다. 셋째, 양도세가 많이 나온다. 1세대 1주택은 양도세 비과세 혜택을 받지만, 2주택부터는 양도세 비과세 혜택을 받을 수 없다.

그러자 혼인하지 말라는 것 아니냐며, 특히 다주택자로서 부동산 투자를 하고 싶은 사람은 혼인을 최대한 미뤄야 하느냐는 불만이 나왔다. 이에 저출생 대응 및 혼인에 대한 세제 지원을 확대하기 위해 2024년 11월 소득세법 시행령, 종합부동산세법 시행령이 개정되었다. 개정된 주요 내용은 혼인으로 갑자기 다주택자가 된 세대를, 다주택자가 아닌 1세대 1주택으로 간주하는 기간을 기존 5년에서 10년으로 늘린 것이다.

이것도 아쉽다면 혼인신고를 하면서 부동산 투자를 계속하는 방법을 찾아보는 것은 어떨까? 장기 투자를 한다는 관점에서 임대사업자로 전환하거나(10년 이상 보유하면 세제 혜택이 있다), 주택이 아닌 토지나 상가 투자 등으로 전환하는 방법도 있다.

반대로 혼인신고가 유리한 경우도 있다. 배우자끼리는 6억 원까지 증여세, 상속세가 공제된다. 또한 신혼부부 특별공급은 혼인신고를 한 부부만 가능하다.

사실혼 배우자의 의료법상 대리인이 될 수 없어

혼인신고를 할지 말지 고려할 때 자주 언급되지 않는 것이 있다. 바로 배우자의 법정대리인이 되지 못한다는 점이다. 법정대리인은 법률혼 관계에 있는 배우자만 갖는 자격이다. 설령 사실혼 관계의 배우자를 대리인으로 인정하는 어떤 기관이 있다고 하더라도, 사실혼 관계는 오직 법원만이 판단할 수 있기 때문에 법원의 판결을 받지 않았다면 다른 누구도 사실혼 관계를 공식적으로 인정해줄 수가 없어 무용지물인 셈이다.

사랑하는 배우자의 생명이 위급한 상황에서 생명에 중대한 영향을 미치는 수술을 하게 된다면, 그리고 그때 배우자가 의식이 없다면, 사실혼 배우자는 할 수 있는 것이 없다. 의료법상 수술 동의서에 서명할 수 있는 자격은 '법정 대리인'에 한정되어 있고, 우리 민법은 이를 부양의무자에 준하여 좁게 해석하고 있다. 이에 따라 사실혼 관계에 있는 배우자는 법정 대리인의 역할을 하지 못한다(의료법 제24조의 2).

약혼, 사실혼 상황에서 이별을 한다면

A 씨는 남자친구 B 씨와 10년간 연애 중이다. B 씨는 A 씨에게 결혼할
것처럼 이야기하다가도 이런저런 핑계를 대며 결혼하지 않고 있었다.
그 사이 A 씨는 두 차례 임신했다가 B 씨의 요구로 아이를 낙태하였고,
얼마 전 세 번째 아이가 생겨 이번에는 결혼을 밀어붙이겠다는 결심으
로 출산을 감행하였다. 문제는 B 씨가 이 사실을 모르는 다른 여성과
1년 동안 교제하다가 결혼을 해버렸다는 것이다. A 씨는 "내가 약혼자
인데 다른 사람과 결혼하다니, 부당한 파혼이니 위자료를 지급하라"며
소송을 시작했다.

연애하고 있다가 갑자기 헤어진 경우와 결혼을 준비하던 중에
헤어진 경우, 언제 더 타격이 클까? 단순하게 비교하긴 힘들겠
지만 아무래도 후자가 더 복잡할 것이다. 결혼이라는 중대한 일
을 전제했기 때문에 가족이 관련되어 있고, 많은 중요한 일들이
진행되었을 것이기 때문이다. 우리 법도 약혼 관계를 따로 규정
하여 보호하고 있다. 연애에서 약혼으로 넘어가면 많은 것이 달
라진다. 어떤 차이가 있는지 알아보자.

결혼을 전제한 사이는 보호받는다

언제부터 결혼을 약속한 사이가 되는 걸까? 평소에 남자친구가 "너랑 꼭 결혼할 거야!"라고 말하면 약혼일까? 프러포즈를 받은 순간부터일까? 아니면 본격적인 결혼 준비 절차가 시작되어야 하는 걸까? 미국에서는 남성이 결혼할 여성의 아버지로부터 결혼 허락을 받고 프러포즈를 하면, 그때부터 약혼 관계가 시작된다고 한다. 반면 우리나라는 미국같이 관습화된 문화도 없고, 약혼의 개념 자체가 희미하다. 전체 세대를 대상으로 한 한국리서치의 2024 결혼인식조사에 따르면 약혼식이 필요하다는 인식이 전체의 5%밖에 되지 않는다.

법적으로는 연애 단계와 약혼 단계, 결혼 단계까지 보호받을 수 있는 내용에 뚜렷한 차이가 있다. 연애 상태에서는 하루아침에 상대방이 헤어지자고 해도 위자료를 청구하기 어렵다. 하지만 약혼한 뒤에는 위자료나 금전적인 손해배상 청구도 할 수 있다. 따라서 언제부터 연인을 약혼자라고 볼 수 있는지 판단하는 게 중요한데, 명확하게 판단하기 어려운 문제다.

법원의 판단을 살펴보면 진지하게 결혼할 생각과 행동이 있었는지가 중요하고 다른 사정은 크게 중요하지 않다. 예를 들어 부모님께 결혼 허락을 받고 결혼 날짜를 잡은 뒤 일가친척에게도 결혼할 사람으로 알렸다면, 결혼하겠다는 의사를 강하게 표현한 것이니 약혼한 사이로 인정하는 데 무리가 없다. 또한 상견례나 예식장 예약 등은 결혼을 전제로 했을 때만 하는 것이니 약혼으로 인정받는다. 심지어 상견례 자리에 부모 역할을 대신할 연기자를 구했더라도 약혼으로 인정된 사례가 있다.

명품 선물을 커플로 맞추는 것은 어떨까? 그 경우 교제 기간이 짧으면 약혼으로 인정할 수 없다는 판례가 있다. 그런데 이는 약 10년 전 판례로, 요즘에는 명품이 과거에 비해 대중화되어 단순 연애 기간에도 커플로 착용하거나 선물로 주고받기도 하는 만큼 명품 선물을 주었다는 것만으로는 결혼 의사가 있다고 보긴 어려울 것이다.

짧은 기간 동거한 것으로는 약혼이라고 보지 않지만, 부모님으로부터 결혼 허락을 받지 못한 탓에 가출하여 열흘간 동거한 사안에서는 약혼이 맞다고 판단한 사례가 있다. 성관계를 했거나 임신을 했더라도 그것만으로는 약혼 관계로 보지 않는다. 반드시 결혼해야만 성관계를 하거나 임신하는 것이 아니기 때문이다. 결국 결혼할 생각이 정말로 있었다고 볼 수 있는지 여러 정황을 보고 판단한다고 보면 된다.

안타깝지만 A 씨가 임신하고 출산까지 했다는 사정으로는 약혼을 인정받기는 어렵다. 하지만 그것과 별개로 B 씨에서 인지청구를 하도록 함으로써, 양육비를 지급받을 수는 있다. 만약 A 씨가 약혼한 상태에서 위와 같은 일을 겪었다면, 결혼을 강제할 수는 없지만 위자료 청구를 할 수 있다.

혼전 동거를 이유로 파혼하는 것은 가능한가요?

첫눈에 반한 여자 친구 S 씨와 5년이 넘는 연애 끝에 결혼을 약속한 K 씨. 행복한 미래를 그리며 결혼 준비를 하던 K 씨의 꿈은 예상치 못한 일로 무너져버렸다. S 씨의 과거 동거 경험을 알게 된 뒤 결혼하고 싶은 마음이 사라진 것이다. K 씨는 결국 S 씨에게 파혼을 통보했는데, 그러자 S 씨는 주변에 이미 결혼 소식이 알려졌다는 이유로 위자료를 물어내라고 요구했다. 또 신혼집으로 사용하려던 아파트 구입 비용을 보탰으니 아파트 지분 절반을 재산분할로 요구했다. K 씨는 위자료를 요구할 사람은 S 씨가 아닌 바로 자신이라고 생각하여 기가 찼다.

2022년 결혼정보회사 듀오가 미혼남녀를 대상으로 한 설문조사에서 남성의 36.8%가 혼전 동거는 파혼 위험이 있기 때문에 불필요하다고 대답했다. 혼전 동거에 대해 많이 관대해졌다지만, 사실 아직도 셋 중 한 명은 혼전 동거 경험이 있는 사람과는 결혼을 꺼린다는 것이다. 약혼자가 다른 이성과 동거한 경험이 있으면 정당하게 파혼할 수 있는 걸까? 아니면 반대로 동거 경험을 숨긴 S 씨에게 상대방을 속인 책임이 더 큰 걸까?

약혼을 했다고 해서 반드시 결혼을 해야만 하는 것은 아니고, 법적으로도 결혼을 강요할 수 없기 때문에 단순히 마음이 변했다는 이유만으로도 연인은 언제든 헤어질 수 있다. 따라서 K 씨는 S 씨의 혼전 동거 이력을 이유로 약혼 계약을 깨도 된다. 하지만 혼전 동거를 이유로 파혼해도 되느냐는 질문은 이런 사유로 파혼 통보를 하더라도 정당한 것 아니냐는 질문일 것이다. 즉 파혼 통보를 당한 S 씨가 위자료며 재산분할을 요청하는데, 이에 전혀 책임지지 않아도 되는 것이 아닌지 말이다.

약혼은 단순한 연애와 달리, 법적으로 결혼하겠다는 약속, 즉 계약이다. 따라서 파혼하면 계약이 깨졌을 때처럼 손해배상과 위자료 책임이 생길 수 있다. 잘 알려지지 않았지만 이혼할 수 있는 경우가 법으로 정해져 있듯이 파혼할 수 있는 사유도 민법 제804조에 나와 있다. 우리 민법은 약혼 후 상대방이 형사처벌을 받거나, 생사 불명이거나, 또는 약혼을 해놓고 결혼을 미적거리고 있을 때는 약혼을 깰 수 있다고 정하고 있다.

민법 제804조

1. 약혼 후 자격정지 이상의 형을 선고받은 경우
2. 약혼 후 성년후견개시나 한정후견개시의 심판을 받은 경우
3. 성병, 불치의 정신병, 그 밖의 불치의 병질(病疾)이 있는 경우
4. 약혼 후 다른 사람과 약혼이나 혼인을 한 경우
5. 약혼 후 다른 사람과 간음(姦淫)한 경우
6. 약혼 후 1년 이상 생사(生死)가 불명한 경우
7. 정당한 이유 없이 혼인을 거절하거나 그 시기를 늦추는 경우
8. 그 밖에 중대한 사유가 있는 경우

앞서 본 것처럼 파혼은 언제나 자유롭게 할 수 있기 때문에 민법 제804조는 파혼할 수 있는 사유를 정한다기보다는 손해배상을 청구할 수 있는지 판단하는 데 더 의미가 있다. 여기서 말하는 불치병, 간음, 생사불명 등은 정당한 파혼 사유이기 때문에 이것을 이유로 헤어지자고 하더라도 책임질 이유가 없다. 오히려 그 문제를 제공한 상대방이 손해배상을 해야 한다.

약혼자의 혼전 동거 경험은 정당한 파혼 사유일까? 법에서 정하고 있는 사유와 비교해보면 가늠해볼 수 있을 것이다. 약혼자가 과거에 다른 이성과 동거한 적이 있다고 하더라도 이것만으로는 위자료를 청구하긴 어려워 보인다. 더욱이 요즘 동거에 대한 사람들의 인식도 개방적으로 변화하고 있고, 드라마 등 다양한 콘텐츠에서도 혼전 동거를 자주 다루고 있는 만큼 위자료까지 물어야 할 것 같지는 않다.

파혼하면 예물은 돌려받을 수 있나?

보통 결혼 준비를 하면 소비가 크게 늘어나기 때문에 백화점 VIP가 될 정도라고 한다. 이렇게 결혼 준비를 하는 동안 큰 비용을 지출하게 되고, 결혼 준비 기간만 하더라도 짧게는 수개월에서 길게는 1년이 넘어가기도 해서 갑작스러운 이별이 주는 정신적·경제적 타격이 크다. 더욱이 가족은 물론 주변 지인들에게 결혼 소식을 알렸거나 이미 청첩장까지 돌린 후라면 이별의 아픔만이 아닌 가족에 대한 미안함, 부끄러움까지 더해져 정신적 고통이 이만저만이 아닐 것이다. 하지만 큰일로 힘들수록 정신을 똑바로 차리고 어떤 것들을 할 수 있는지 알아보자.

연애하는 동안 상대방에게 선물했던 것들은 아무리 고가라고 해도 돌려받을 수 없다는 것이 일반적인 법적 해석이다. 상대방의 호감을 사기 위해 준 것이지 결혼이라는 조건을 걸고 준 게 아니기 때문이다. 반대로 말하면 결혼을 전제로 준 물건은 돌려받을 수 있다. 따라서 파혼하기로 하면 각자 상대방에게 줬던 예물, 예단, 혼수 등은 그대로 돌려받을 수 있다.

중요한 것은 물건을 반환한다는 점이다. 만약 약혼자에게 500만 원 상당의 예물 시계를 주었다면 그 시계 자체를 돌려받는 것이지 500만 원을 배상하라고 할 수는 없다. 대법원 판례에 따르면 물건을 사준 사람이 여전히 그 물건을 소유하고 있기 때문에 손해가 발생한 것이 없고, 그 물건 그대로 돌려받으면 된다는 것이다. 현실적으로 예물 시계나 혼수로 준비한 가전제품 등은 일단 구입하여 사용하면, 그 뒤에는 감가가 심해지기 때문에 손해가 발생했다고 봐야 할 것 같지만 법리적으로 그렇지 않다. 당연한 말이지만, 예물이 아닌 현금 예단을 주었다면, 이것은 애초에 준 것이 현금이므로 현금으로 돌려주면 된다.*

만약 결혼 준비 과정에서 내가 몰랐던 상대방의 단점이 보이면 헤어질 수도 있으니 조금이라도 편리하려면 예물이 아닌 예단을 줘야 할까? 조금의 손해도 보고 싶지 않다면 그럴 수도 있다. 하지만 이런 사소한 득실을 고민하기보다는 사랑하는 사람과 함께하기로 한 결심에 책임을 다하는 것이 좋다. 어차피 파혼에 잘못이 있는 사람은 내가 준 것을 돌려달라고 청구할 수 없다. 원상회복청구권은 책임이 없는 사람에게만 인정되기 때문이다.

물건 그 자체만 반환할 수 있는 것이라면, 돈은 썼지만 돌려받을 물건이 남아 있지 않는 경우에는 포기하는 수밖에 없을까? 예를 들면 예식장 예약, 드레스 대여, 메이크업, 스튜디오 비용 등은 서비스를 이용한 것이라 물건이 남아 있지 않다. 걱정할 것 없다. 이런 경우에 비로소 손해배상 청구가 가능하다. 금전적 손해는 자료가 충분히 준비된다면 손해를 인정받는 데 큰 어려움이 없으니, 결혼 준비에 들어간 비용과 항목을 잘 정리하고 각 금액을 입증할 수 있는 계약서나 영수증, 계좌이체 내역 등을 확보하자.

• 대법원 2000므1257 판결: 혼인생활의 준비에 지출하였던 이불구입비, 가구구입비, 전자제품구입비(오디오, 주방용품구입비)의 손해배상 청구에 대하여 (중략) 이로 인하여 원고에게 손해가 발생하였다고 할 수는 없다. 또한 예복 구입비, 예물 구입비 역시 마찬가지이다.

위자료와 재산분할은 어떨까?

위자료는 얼마나 인정될까? 위자료는 재산상 피해 외에 정신적인 피해를 보상하는 것을 말한다. 일가친척, 친구, 회사 동료까지 내 결혼 사실을 다 알고 있는데 상대방의 잘못으로 파혼하게 되었다면 한동안 사람들 만나기가 꺼려질 정도로 힘들 것이다. 하지만 정신적 고통에 따른 위자료는 큰 금액이 인정되지 않는 편이다. 보통 500만 원에서 1,000만 원 사이에서 인정되는 경우가 많고, 사안에 따라 더 많기도, 더 적기도 하다.

그러나 위자료 문제에서 돈보다 중요한 것이 따로 있다. 파혼에 책임 있는 사람이라면 약혼 당사자가 아닌 그의 가족도 위자료를 물어내야 한다는 사실이다. 둘이 좋아 시작한 결혼 준비는 양가의 의견 조율로 난항을 겪는다. 때로는 자식이 결혼할 상대방이 성에 차지 않는다는 이유로 괴롭히거나 무리한 요구를 하는 경우도 있다.

약 10년 전에 예비 시어머니가 위자료 1,000만 원을 지급할 책임이 인정된 사례가 있다. 아들이 결혼할 예비 며느리가 마음에 들지 않았던 그는 예식장을 마음대로 비싼 호텔 예식장으로 바꾸거나, 2억 5,000만 원의 지참금을 요구하는 등 결혼 과정에 깊게 관여하며 무리한 요구를 하였다. 이로 인하여 결국 파혼하게 되자 예비 시어머니의 위자료 지급 책임이 인정되었다. '키 3개'를 요구하는 등 터무니 없이 큰 금전 요구를 하거나, 자식의 결혼을 통해 한몫 건지려는 심보는 법적 책임으로 이어질 수 있다는 것을 명심하기 바란다.

마지막으로 재산분할은 어떨까? S 씨는 K 씨에게 자신이 신혼집 구매 비용을 보탰고 집의 시세도 올랐으니 절반의 지분(명의)을 요구하고 있다. 약혼 관계는 재산분할을 하지 않는다. 재산분할이 아닌 원상회복과 손해배상만 가능하다. S 씨는 자신이 보탠 돈만 그대로 돌려받을 수 있을 뿐이다.

한 사람만의 잘못으로 약혼이 깨지는 경우는 드물다. 결혼 준비 기간이 긴 만큼 그동안 크고 작은 갈등이 불거지다가 결국 헤어짐에 이르는 경우가 많다. 이런 경우에는 소송을 하더라도 한 명이 다 이기지 않고, 양쪽의 책임 비율대로 인정되는 편이므로 처음 생각했던 것보다 받을 수 있는 것이 적을 가능성이 있다. 이에 보통은 당사자끼리 의논해서 금전적인 부분을 정리하는 편이지만 감정의 골이 깊거나 당사자끼리 해결하기 어려운 경우에는 전문가의 상담을 받아보시라!

사실혼 배우자가 이혼하는 것은 더 어렵다

쉽게 헤어지기 위해 혼인신고를 미룬다고 하지만, 아이러니하게도 사실혼 관계가 헤어지기 더 어려운 경우가 있다. 바로 재산분할을 하거나, 위자료 책임을 물어야 하는 경우이다.

많은 사람들이 쉽게 헤어진다고 생각할 때에는 서로 주고받을 것이 없을 때이다. 하지만 사실혼 관계가 오래 지속되면 재산 관계 등 여러 가지 복잡한 문제들이 얽히게 되는데, 그때 가서 재산분할이나 위자료를 청구하려고 하면 굉장히 어려운 소송을 준비해야 한다. 사실혼은 입증하기가 매우 어렵기 때문이다. 증거가 충분하지 않다면 상대방의 단순 동거 주장이 인정되기 쉽고, 긴 혼인 기간이 한순간에 아무것도 남지 않은 것으로 끝나게 된다. 이 때문에 사실혼의 이혼이 더 어렵다는 말도 있다.

사실혼 부부의 재산 문제는?

사실혼의 경우 재산분할은 가능할까? 재산분할은 이혼할 때 부부가 함께 모은 자산을 나누는 것이다. 사실혼 부부도 이혼할 때는 재산분할을 할 수 있다. 재산을 형성하는 데 각자 기여한 만큼 나눠 가지게 된다. 다만, 이혼하지 않고 평생을 함께하였으나 한쪽 배우자가 먼저 세상을 뜨는 경우에는 재산을 나눌 수 없다. 사별한 경우에는 더 이상 재산분할이 아닌 상속 문제가 되는데, 앞에서 본 것처럼 사실혼 배우자에게는 상속 지분이 없기 때문이다. 따라서 133쪽 사례에서 B 씨가 재산을 분배받지 못하는 것은 동일하고, C 씨는 재산분할을 할 수 있다. 부부가 20년간 살아오면서 함께 일궈낸 재산이 있다면 본인이 기여한 만큼 재산분할을 청구할 수 있다.

이처럼 사실혼 부부 사이에 상속은 되지 않는데 이혼 시 재산분할은 되기 때문에 어처구니없는 상황이 벌어지기도 한다. 사실혼 부부가 재산을 정리하고자 한다면 이런 방법이 있다.

우선, 혼인신고를 할 수 있는 경우라면 혼인신고를 하면 된다. 만약 나는 혼인신고를 하고 싶은데, 배우자가 혼인신고를 미루거나 거부하고 있다면 소송으로 혼인신고를 할 수 있다. 이를 사실상혼인관계존재확인소송이라고 한다.

소송에서 승소하려면, 두 사람이 혼인신고를 안 했을 뿐 실제로 혼인한 것과 동일하다는 점을 설득할 수 있어야 한다. 즉 두 사람이 실제로 결혼한다는 생각으로 함께 살기 시작했고, 누가 보더라도 일반적인 부부처럼 생활해왔다는 점을 입증하는 것이다. 예를 들면 상대방 가족의 대소사를 함께 챙겨오거나, 지인들도 부부로 생각하고 있었다는 점 등이 필요하다. 승소하면 혼자서도 혼인신고를 할 수 있다.

혼인신고를 할 수 없다면 미리 증여하거나 추후 상속할 수 있도록 유언장을 작성해두는 방법이 있다. 다만 세금 문제가 있다. 법률상 배우자끼리는 증여세를 계산할 때, 재산의 가액에서 6억 원까지는 증여세를 부과하지 않는다. 6억 원까지는 무상으로 증여할 수 있는 것이다. 그러나 사실혼 배우자에게는 이러한 배우자 공제가 적용되지 않는다. 증여세율이 높아 만만

치 않은 부담이 될 것이다. 상속도 마찬가지다.

세금 문제를 피하고 싶다면 마지막 방법으로 이혼하는 것이 있다. 법원에 사실혼 관계가 해소되었음을 주장하며 이혼 및 재산분할 청구를 하는 것이다. 재산분할은 부부가 기여한 만큼 서로 재산을 나누는 것, 즉 본래 본인 몫의 재산을 나누는 것이어서 세금 부담이 적다. 예컨대 재산분할로 부동산을 나누는 경우에는 양도소득세가 발생하지 않는다(구체적인 세금 문제는 분할하는 재산의 종류, 시기 등에 따라 크게 차이가 나기 때문에 각자의 상황에 대입해보고 싶다면 구체적인 상담을 받는 것이 좋다).

어떤 방법도 명쾌하지 않다. 특히 사실혼 부부가 사이좋게 잘 지내고 있는데도 사별 후의 경제적 안정이 걱정되어 이혼을 해야 한다면 아무리 형식적인 것에 불과하다고 하더라도 속상하지 않을 부부가 있을까? 특히 노년층이 사별 또는 이혼 후에 재혼하는 황혼 재혼의 경우, 자녀들의 반대로 혼인신고를 하지 않는 경우가 많아 이러한 문제가 자주 발생한다.

사실혼은 어떻게 인정받을 수 있을까?

사실혼을 인정받는 것은 쉬운 일이 아니다. 사실혼 관계를 주장하는 소송은 이기기 쉽지 않다. 오랜 기간의 생활이 객관적 기록으로 있어야 하는데, 실제로 그런 경우가 드물기 때문이다.

SNS를 자주 사용하거나, 일기를 오랜 기간 작성해왔거나, 가족들과 카카오톡 등 메신저를 통해 소통을 많이 한 경우, 그리고 그 기록을 다 가지고 있는 경우라면 증거로 활용할 자료가 있을 것이다.

증거를 모으기 어려운 소송에서 자주 등장하는 것이 이해관계자들이 사실확인서 내지 진술서를 작성해주는 것이다. 이는 꽤 많은 소송에서 등장하는 서류인데, 보통은 판사가 참고할 만한 자료로 쓰일 뿐 결정적인 증거로 취급되진 않는다. 사실혼 관계를 확인하는 소송에서 이 서류를 제출한 사례가 있다. 사실혼 관계를 주장하는 측의 가족들이 "원고와 피고가 사실혼 관계임을 확인한다"라는 취지로 문서를 작성해서 재판에 제출한 것이다. 어떤 판결이 내려졌을까? 당연히 이것만으로는 사실혼이 인정되지 않았다.*

---

* 부산가정법원 2019.2.13. 선고 2018드단204417 판결.

이혼을 한다는 것의 진정한 의미

K 씨는 10여 년간 결혼 생활을 이어왔지만 이혼을 간절히 원하고 있다. 결혼을 준비할 때부터 상대방 집안의 과도한 금전 요구로 마음이 상한 데다 부모가 많은 경제적 지원을 해주었음에도 연락은커녕 기본적인 도리도 하지 않았고, 결혼 생활 내내 경제적 책임을 홀로 부담했는데도 고마워하긴커녕 청소와 식사도 혼자 해결해야 했기 때문이다. 부부간 애정이 없어진 지는 오래되었고 그저 돈만 밝히는 배우자가 지긋지긋하다. 더 이상 이렇게 살 수 없다고 생각한 K 씨가 이혼하자고 하자 배우자 L 씨는 불같이 화를 내더니 급기야 병원에 드러누워 절대 이혼할 수 없다고 버티고 있다. K 씨는 이혼할 수 없는 걸까?

협의이혼이 안되면 마음대로 이혼하기 어려워

부모님 세대에는 가정을 유지하는 것 자체를 중요하게 생각해서 개인의 행복이 뒤로 밀려나기 부지기수였다. 하지만 요즘에는 내가 행복해야 가정이 행복하다는 생각이 더 커져서 결혼에 관한 부당한 일은 더 이상 참지 않는 시대가 되었다.

어느 한 사람이 헤어지고 싶으면 쉽게 이별할 수 있는 연애와 달리, 결혼은 한 사람이 마음대로 깰 수 없다. K 씨 사례처럼 부부 중 한 사람이 절대 이혼에 동의하지 못하겠다고 하면 어떻게 해야 할까? 최후의 수단인 이혼 소송을 하는 수밖에 없는데, 법원에서 이혼하라고 허락해야 헤어질 수 있기 때문에 재판상 이혼 사유가 없으면 이혼 소송을 하더라도 계속 부부의 연을 이어가야 한다.

재판상 이혼 사유

① 배우자의 부정행위
② 배우자의 악의의 유기
③ 배우자 또는 그 직계존속으로부터 심히 부당한 대우를 받았을 때
④ 자기의 직계존속이 배우자로부터 심히 부당한 대우를 받았을 때
⑤ 배우자의 생사가 3년 이상 분명하지 아니한 때
⑥ 혼인을 계속하기 어려운 중대한 사유가 있을 때

이혼을 고려하면서 한 번이라도 변호사 상담을 받아본 사람이라면 소송이 끝날 때까지 가출하지 말라는 이야기를 들어봤을 것이다. 이혼 소송은 '부부 중 누구 잘못이 더 큰가'의 싸움

으로 번지곤 한다. 이혼에 이른 책임이 있는 사람이 상대방에게 위자료를 지급해야 하기 때문이다. 법적으로 부부는 동거, 협조, 부양의 의무가 있다. 특별한 이유 없이 가출하거나 생활비를 끊으면 배우자를 악의로 유기하는 것이 되어 위자료를 지급해야 할 수 있다. 반대로 배우자가 자꾸만 가출한다면 이를 문제 삼아 이혼 소송을 할 수 있다. 또한 배우자와 그의 부모에 대해서 "심히 부당한 대우"를 하는 것도 이혼 사유가 된다. 이것은 결혼 생활을 유지할 수 없을 정도로 신체적·정신적 학대를 하거나 모욕을 하는 경우를 말한다. 예를 들어 상대방 또는 부모님에 대한 폭행과 폭언, 의처증이나 의부증이 대표적인 사례이고, 부당한 요구를 하며 자살 소동을 벌이거나, 많은 사람 앞에서 모욕감을 주는 행위도 이혼 사유가 된다.

이처럼 이혼 소송은 누구 잘못이 더 큰지 주장·증명하는 과정이기 때문에 상대방의 잘못을 하나라도 더 나열하려고 애쓰는 소송이 된다. 이 과정에서 사적인 내용도 공개되고, 상대방이 제출한 서면을 보면서 분노와 실망으로 감정의 골이 더 깊어지기도 한다. 이혼 소송이 진흙탕 싸움이라고 하는 이유다.

성격 차이로 인한 이혼도 쉽지 않다

재판상 이혼에서 가장 많은 비율을 차지하는 사유는 바로 성격 차이다. 함께 살아보니 이전에 몰랐던 모습이 보이고, 서로 노력을 해보았지만 더 이상 함께 살고 싶은 마음이 식어버렸다면 어떻게 해야 할까? 두 사람의 의견이 일치하면 협의이혼을 하면 되겠지만 나만 이혼하고 싶을 때는 소송을 해야 하는데, 성격 차이가 이혼 사유가 되는 걸까?

성격 차이는 "혼인을 계속하기 어려운 중대한 사유"에 해당할 정도여야 이혼할 수 있다. 법원은 단순한 성격 차이를 어느 한 사람의 잘못된 행동으로 인해 결혼을 유지하기 힘든 경우라고 보지 않고, 어느 가정에서든 겪는 일반적인 문제라고 보는 편이다. 오로지 성격 차이만으로 이혼할 수 있으려면 양측이 그 갈등을 해결하려고 갖은 노력을 기울였는데도 도저히 결혼 생활을 지속할 수 없어야 한다. 하지만 이미 대화가 단절되고 사이가 멀어진 부부 사이에 이러한 사례를 찾아보기는 현실적으로 어렵다. 성격 차이만을 이유로 이혼이 인정된 판례도 드물다.

그래서 실제로 성격 차이로 인한 소송은 성격 차이를 원인으로 하기는 하지만 결국 쌍방 또는 일방의 책임 있는 사유까지 번지는 경우가 많고, 그 귀책 사유 때문에 이혼에 이르곤 한다. 예를 들면 종교관이나 양육관 등의 차이로 갈등을 겪다가 싸움이 격해져서 폭행·폭언으로 번진다든가, 성격 차이가 과도한 집착이나 의심으로 확대되어 상대방에게 참기 힘든 고통을 주는 것 등이 있다. 이 경우 그 잘못한 사람의 책임으로 이혼할 수 있게 되는 것이다.

만약 K 씨가 이혼 소송을 하게 된다면 무엇을 주장할 수 있을까? L 씨가 외벌이인 K 씨에게 밥을 챙겨주지 않고 가사도 돕지 않으며, 오로지 돈만 요구하면서 아무것도 협조하지 않는다면, 악의의 유기에 해당할 것이다. 결혼했다고 끝이 아니다. 결혼한 뒤 서로를 보살피고, 각자의 역할을 충실히 이행하지 않으면 이혼당할 수 있으니 조심하시라!

사유만 있으면 이혼하기 쉬울까?

모든 소송에는 증거가 꼭 필요하다. 그런데 이혼 소송은 장기간에 걸쳐 일상생활에서 벌어진 일이다 보니 증거가 없는 경우가 허다하다. 수시로 폭행과 폭언을 당했다고 하더라도 녹음을 하거나 진단서를 받아두지 않으면 없던 일로 되어버린다. 더욱이 재판상 이혼의 1호, 6호 사유는 그 일이 있었다는 사실을 안 날로부터 6개월, 발생한 날로부터 2년이 지나면 증거가 있어도 이혼할 수 없다.

이혼 사유가 있어도 이혼을 요구하지 못할 때가 있다. 바로 그 일을 저지른 사람만 이혼을 요구할 때다. 이혼에 책임이 있는 사람은 상대방이 원치 않을 때 혼자서 이혼하자고 할 수 없다. 이를 참고해서 배우자가 외도했을 때 실제로는 함께 살 마

후 여성이 성폭력 피해를 입어 출산하게 되었다는 주장이 거짓으로 드러나면서 판결은 다시 뒤집혔다.

'속아서 결혼했다'는 것의 정확한 기준은 무엇일까? 우리 법원은 "혼인 생활에 중대한 영향을 주는 혼인의 본질적 내용에 관한 기망"이어야 한다고 한다. 예를 들어 직업, 수입 등을 허위로 이야기했더라도 그것이 다소 과장에 불과하다면 취소 사유가 되지 않는다고 본다.* 동거 경험을 숨긴 것은 어떻게 판단받을까? 이것만으로는 혼인 취소 사유가 되지 않을 것이라고 본다. 동거 경험에 대한 사회적 인식이 여전히 부정적인 것은 사실이지만 과거에 비해 점점 관대하게 바라보는 것으로 인식이 변화하고 있고, 혼인 취소는 굉장히 제한적으로 엄격하게 인정된다는 점을 고려했을 때 혼인 취소까지 인정되기는 어려울 것이다.

재산분할은 어떻게 하는 게 좋을까?

재력가 S 씨와 결혼한 지 2년 만에 S 씨의 잘못으로 이혼하게 된 N 씨. 빈 몸으로 나와서 슬퍼하고 있는데, 위로 차 달려온 친구가 깜짝 놀라며 "이혼하면 재산분할 반반이지! 할리우드 스타들 보면 이혼하고 위자

● 서울가정법원 2004. 1. 16. 선고 2002드단69092 판결.

료도 수억 원씩 받던데, 왜 그냥 나왔어? 얼른 재산분할 소송하고, 위자료도 넉넉히 청구해!"라는 것이 아닌가? 하지만 N 씨는 집에서 살림만 도맡아 돈을 벌지 않았고, 결혼할 때 S 씨가 집도, 차도 본인 것을 그대로 가져왔기 때문에 자신이 나눠 가질 수 있는 게 없을까 봐 걱정이다.

이혼 소송에서 가장 큰 쟁점은 뭐니 뭐니 해도 재산분할이다. 재산분할은 무조건 반으로 나누는 것일까? 위자료는 얼마나 인정되는 것일까? 가정주부는 어떻게 재산분할을 요구할 수 있을까? 재산분할의 기본 개념은 혼인 기간 동안 부부가 함께 이룬 재산을 각자 기여한 만큼 정산하는 것이다. 따라서 결혼 전부터 가지고 있던 재산은 원칙적으로 재산분할 대상이 아니고, 이를 '특유재산'이라고 한다. S 씨가 결혼 전부터 가지고 있던 집과 차는 재산분할 대상이 되기 어려울 것이다.

　그렇다면 어떤 재산을 분할할 수 있을까? 부동산, 예금, 주식, 자동차, 퇴직금, 보험금, 연금 등 생각할 수 있는 거의 모든 자산을 분할할 수 있다. 비트코인도 재산분할 대상이 될까? 가상화폐도 당연히 분할 대상이 된다. 대법원도 "비트코인은 재산적 가치가 있는 무형의 재산"이라고 판단한 바가 있다. 연금은 아직 받지 않은 돈이지만 추후 받게 될 재산이므로 나눠 가질 수 있다. 단, 국민연금 가입 기간 동안 혼인 기간이 5년 이상이어야 한다. 위자료는 정신적 고통을 배상하는 것으로, 이혼에 책임 있는 사람이 부담하게 된다. 특별한 사정이 없다면

2,000만 원 내외에서 인정되는 경우가 많고, 4,000만~5,000만 원까지 받는 경우도 있지만 매우 드물다.

같이 산 기간이 짧은데 재산분할 반반은 억울해요

재산을 나누는 기준은 '기여도'이다. 기여도란 부부 각자가 부부의 재산을 만들고, 유지하고, 관리하는 데 기여한 만큼 재산을 나눈다는 개념이다. 따라서 혼인 기간이 짧으면 특별한 사정이 없는 한 기여도가 적을 수밖에 없고, 재산분할을 반씩 해주는 일은 거의 없을 것이다. 통상적으로 혼인 기간이 10년이 넘으면 기여도가 절반씩 인정된다고 판단하는데, 이것도 항상 그런 것은 아니다. 별거나 가출 등으로 실제로 결혼 생활을 한 기간이 짧거나, 경제력의 격차가 너무 크거나, 돈을 벌지도 않고 다른 것으로 기여한 바도 없으면 훨씬 적은 비율로 기여도가 인정될 수 있다.

전업주부는 기여도를 어떻게 인정받나요?

재산을 관리·유지하는 것은 꼭 경제적인 것이 아니어도 된다. 경제적 책임을 지는 사람이 그 일에 집중할 수 있도록 열심히 내조하고 자녀 양육을 해왔다면 이것도 기여도가 있다고 인정한다. 꼭 회사에서 일하지 않았더라도 재테크를 통해 자산을 증식했다면 이런 점도 특별히 고려될 수 있다.

분할받는 것은 좋지만 세금을 왕창 내지 않나요?

세금은 크게 걱정할 필요가 없다. 우선 재산분할로 받은 현금은
세금을 내지 않는다. 부동산을 받았다면 세금을 내야 하지만 일
반적인 거래에 비해 적게 낸다. 부동산을 거래하면 기본적으로
양도소득세 또는 증여세와 취득세를 부담하게 되는데, 재산분
할로 받은 부동산은 양도소득세나 증여세를 부담하지 않기 때
문이다.

4부

인플루언서
활동을 할 때

15장

인공지능이 만든 콘텐츠는 무료로 사용해도 되나요?

K 씨는 벌써 5년째 로펌에서 디자인 업무를 담당하고 있는 디자이너다. 손 그림부터 웹디자인, 편집디자인까지, 디자인이 필요한 모든 업무를 할 수 있는 능력자로 통한다. 그런 K 씨의 최대 걱정은 바로 생성형 AI의 등장이다. 인공지능에 필요한 디자인을 간단히 설명하기만 하면 몇 초 만에 결과물이 완성되는 것을 보고 K 씨와 동료들은 적잖이 놀랐다. 심지어 웬만한 주니어 디자이너의 작업물보다 완성도가 높은 것이 아닌가? 그러나 K 씨에게 인공지능은 장애가 아닌 기회였다. 그는 이내 뭔가를 깨달았다는 듯한 표정으로, 'AI를 이용하면 더 많은 디자인을 더 빨리 생산해낼 수 있겠는데?!'라는 결론을 내렸다. 그런데 아직 한가지 고민이 남았다. AI가 디자인한 결과물을 그대로 이용해서 업무에 이용해도 저작권 등에 문제가 없는 걸까?

인공지능 창작물과 지식재산권

생성형 인공지능Generative AI이 등장한 일은 여전히 중요한 화두이다. 생성형 인공지능 기술이란 대규모 데이터를 기반으로 딥러닝 기술을 활용하여 콘텐츠를 생성해내는 기술이다. 텍스트만이 아니라 이미지 제작도 가능하다. 사용자가 텍스트로 프롬프트(생성형 인공지능에 어떤 결과물을 만들어야 하는지 자연어로 설명하는 행위)만 입력하면, 그 즉시 어울리는 이미지를 만들어주는 것은 물론이고, 나아가 이를 적용한 프레젠테이션 파일이나, 웹사이트까지도 만들어준다. 앞으로 수많은 사무직 근로자들의 단순노동을 줄여줄 것이라고 한다.

놀라운 점은 지금까지 어떤 기술도 대체할 수 없었던, 인간의 고유한 영역이라고 여겨져온 창의성의 영역마저도 인공지능이 대체할 수 있게 되었다는 점이다. 생각의 꼬리를 물며 아이디어를 확장해가는 방식의 작업도 가능하고, 아이디어를 시각화하는 것도 할 수 있다. 이 모든 것을 수초 안에 완성한다. 생성형 인공지능을 활용한 창작 활동 영역은 그림, 글쓰기, 작곡, 프로그래밍 등 분야를 가리지 않으며, 그 수준도 날로 정교해지고 있다. 비전문가도 AI 툴을 활용하여 수준급의 예술 작품을 만들어낼 수 있다.

문제는 창작물은 저작권법에 따른 규율을 받는다는 점이다. 인공지능이 창작의 영역까지 진입하면서 관련 법적 쟁점도 날로 화두가 되고 있다. 과연 인공지능으로 만든 창작물은 저작권 법의 적용을 받는 대상인가? 인공지능이 인간의 창작물을 활용하여 스스로 학습한 뒤 만들어낸 결과물은 어떠한가?

인공지능 기술이 워낙 최근에 등장한 기술이라 아직 법과 제도가 정비되지 않았고, 법적으로 판단받은 사례도 충분히 쌓이지 않았다. 이에 본 쟁점은 해외 사례와 함께 살펴보자.

인공지능 창작물의 법적 쟁점

도대체 '창작물'이란 무엇일까? 우리는 왜 지금까지 창작의 영역은 기술이 따라올 수 없을 것이라고 생각해왔을까? 법적으로 창작이란 '사람의 감정이나 사상을 상상력을 통해 독창적인 방식으로 표현한 것'을 의미한다. 쉽게 말해 인간의 정신적 노력의 산물로, 우리가 매일 출퇴근하면서 듣는 음악, 학술적 결과물인 논문, 댄서들이 고안한 안무, 갤러리에 전시된 예술 작품 등이 그것이다.

우리나라는 창작물의 법적 권리, 의무를 저작권법에서 규율하고 있는데, 저작권법에서도 저작물은 '인간의 사상과 감정이 표현된 것'이라고 명시하고 있다. 창작 활동은 인간만이 할 수 있는 행위라는 생각이 전제된 것이다. 그래서 '저작자'도 '저작물을 창작한 자'(=인간)라고 정의하고 있다.•

• 저작권법 제2조(정의) 이 법에서 사용하는 용어의 뜻은 다음과 같다. 1. "저작물"은 인간의 사상 또는 감정을 표현한 창작물을 말한다. 2. "저작자"는 저작물을 창작한 자를 말한다.

눈치 빠른 독자라면 여기서 결론을 알 수 있을 것이다. 인공지능이 만들어낸 결과물은 그것이 무엇이든 법적 보호를 받는 저작권이 될 수 없다. 인간이 아니기 때문이다. 만약 관련 법령에서 저작물을 창작할 수 있는 주체를 자연인으로 한정하지 않는다면 인공지능이 제작한 콘텐츠도 창작물이 될 수 있을 것이다.

이처럼 현행 저작권법상 인공지능이 만든 창작물은 법적으로 보호되는 저작물이 될 수 없다. 이런 이유로 저작권료 지급이 중단된 사례가 있다. 바로 광주과학기술원(GIST)이 개발한 작곡 AI 이봄EvoM이다. 이봄은 인공지능 기술을 기반으로 음악을 작곡하는 프로그램으로, 실제로 작곡한 곡을 통해 수억 원의 매출을 올리기도 했다. 그러나 지난 2022년, 한국음악저작권협회는 이봄이 인간이 아니라는 이유로 이봄이 작곡한 노래 여섯 곡에 대해 저작권료 지급 중단 결정을 내렸다.

이봄은 수천 곡에 이르는 음악을 학습하여 사람들이 대중적으로 선호하는 음과 리듬의 특징을 분석한 뒤, 사람들이 좋아하는 방식으로 음악을 작곡한다. 트로트 가수 홍진영의 노래 〈사랑은 24시간〉이 이봄이 작곡한 것이라고 한다. 이봄이 작곡하는 과정이 사람의 그것과 유사한지는 알 수 없지만 그것을 판단하기도 전에 '인간'이 창작한 것이 아니라는 이유로 저작물로 인정되지 않은 것이다.

하지만 아직 논쟁의 여지는 있어 보인다. 사람이 직접 작곡하는 과정에서 이봄이라는 인공지능을 도구로 사용한다면 이것은 사람이 창작한 것이라고 볼 수 있는 것은 아닐까? 어떤 방식으로든 인간이 저작물 창작 과정에 개입한다면 인간의 창작 활동으로 볼 수는 없는 것일까?

미국에서는 인간이 개입한 부분의 저작권을 인정하는 것으로 보인다. 2023년 8월, 미국 워싱턴DC 연방지방법원은 인공신경망 개발사인 '이매지네이션 엔진'의 CEO 스티븐 탈러Stephen Thaler가 인공지능으로 생성한 예술 작품의 저작물 등록을 미국 저작권청이 거부하자 이의를 제기하면서 시작된 소송에서 AI로만 만든 예술 작품은 저작권법의 보호를 받을 수 없다고 판결했다. 저작권법상 인간이 저작자여야 하며, 인간의 창의성이 저작권 성립의 핵심 요소라는 것이 판결의 이유였다.

그런데 미국 저작권청이 발표한 지침에 따르면 인공지능으로 생성한 결과물이 저작물로 등록된 경우, 그중 사람이 개입한 부분에 대해서만 저작권을 가진다고 설명하고 있다. 즉 AI가 완벽히 단독 창작자인 경우가 아니라면 저작권이 인정될 여지도 있는 것이다.

반면 중국에서는 인공지능 창작물에 저작권성을 인정한 첫 판례가 나왔다. 원고 회사인 텐센트Tencent는 회사 주도로 여러 팀이 협업하여 데이터 및 알고리즘 기반의 지능형 글쓰기 시스템인 '드림라이터Dreamwriter'를 개발하고, 이를 이용하여 기사를 작성하고 업로드했다. 그러자 같은 날, 피고 회사인 잉쉰

YingXun이 위 기사를 무단으로 복제하여 자사 플랫폼 등에 배포하였다. 이에 텐센트는 잉쉰을 상대로 저작권 침해 소송을 제기한 것이다.

법원은 텐센트의 손을 들어주며 피고 회사인 잉쉰이 손해배상을 하라는 판결을 내렸다. 다만 위 판례에서는 저작물의 주체가 '인간'이어야 하는지는 언급하지 않았다. 법원은 쟁점이 된 기사는 원고 회사가 주도하여 여러 팀원의 노동 분담으로 형성된 것이며, 지적 창작에 의해 완성된 저작물로, 원고 회사의 주도 아래 창작된 법인 저작물이라고 인정하였다. 저작물의 주체가 인간이어야 하는지는 명시적으로 언급하지 않았지만 인간의 노력으로 창작된 저작물이기 때문에 저작권성을 인정한다는 것으로 보인다.

인공지능이 만든 콘텐츠를 어떻게 써야 할까?

인간이 개입하지 않고 인공지능만으로 제작한 콘텐츠에 저작권이 없다고 하더라도 마음대로 사용할 수 있는지는 여전히 확실하지 않다. 인공지능이 콘텐츠를 생성하는 원리는 이미 존재하는 수많은 데이터를 학습하고 이것을 토대로 콘텐츠를 생성해내는 것인데, 이 데이터에는 타인의 저작물이 포함될 수 있기 때문이다.

현재 출시된 인공지능은 타인의 저작물을 정제하지 않은 채 접근할 수 있는 모든 데이터를 무작위로 학습하고 있는 것으로 알려져 있다. 따라서 만약 인공지능이 타인의 저작물을 학습한 뒤 이를 무단으로 결과물에 사용했다면, 그 결과물은 타인의 저작권을 침해한 불법 콘텐츠가 될 수 있다. 우리는 이것이 타인의 저작물을 무단으로 활용한 것인지 알기 어렵기 때문에 자기도 모르는 사이에 저작권 침해를 저지를 수 있는 것이다.

현재로서는 인공지능이 생성한 콘텐츠가 저작권을 침해하는지도 정확히 판단하기 어려워 보인다. 인공지능이 만든 콘텐츠에 타인의 저작권 요소가 어느 정도 포함되었는지 알아내기도 어렵다. 또한 타인의 저작물을 학습으로 이용한 것과 저작물을 무단으로 편집, 복제한 것을 구분하는 것도 쉽지 않아 보인다.

결국 인공지능이 제작한 콘텐츠를 저작권 침해가 되지 않는 방식으로 사용하는 것이 최선으로 보인다. 콘텐츠를 사적인 목적으로만 한정하여 사용하거나, 비영리적인 목적에 한정하여 사용함으로써 혹시 모를 피해의 정도를 최소화하는 것이다. 이에 문화체육관광부와 한국저작권위원회는 2023년 12월 생성형 AI 저작권 안내서를 발표했다. 가이드라인에는 생성형 인공지능 사업자, 저작권자, 이용자에 대한 구체적인 안내 사항과 생성형 인공지능 산출물의 저작권 등록 가능 여부와 유의점이 상세히 설명되어 있다. 인공지능을 이용한 콘텐츠 활용에 관심이 많은 독자들은 꼭 살펴보길 바란다.

생성형 AI 저작권 안내서 주요 사항

1. AI 사업자에 대한 안내 사항: AI 모델 구축을 위한 데이터 학습 과정에서 타인의 저작물이 포함될 수 있으며, 이로 인한 저작권 침해 책임을 질 수 있음. 이 경우 문제 되는 법적 쟁점은 저작권법 제35조의5 상의 "공정이용 규정" 적용 여부이며, 이를 직접적으로 판단한 국내외 법원의 판례가 없음. AI 학습을 위해 저작물을 이용할 경우 이에 대한 책임의 정도는 불분명하고, 침해 여지가 있는 상황임. 따라서 적법한 이용 권한을 사전에 획득하여 분쟁을 미연에 방지하는 것이 바람직함.

2. AI 이용자에 대한 안내 사항: AI 산출물을 만드는 과정에서 프롬프트 입력 시 타인의 저작권을 침해하지 않도록 유의해야 함. 예를 들어 "미키 마우스"가 포함된 프롬프트를 사용하여 미키 마우스와 동일한 이미지, 영상 등을 만들어낼 경우 문제가 될 수 있음.

3. 저작권자에 대한 안내 사항: 인터넷에 공개된 데이터는 크롤링 등을 통해 AI 학습에 사용되기 쉬워, 이를 원치 않는다면 기술적인 조치를 취하거나 약관규정 등을 명시해두는 것이 필요함.

4. AI 산출물과 저작권 등록: 원칙적으로 AI 산출물은 저작권이 인정되지 않고, 인간이 개입한 부분에 한해 저작권이 인정됨.

AI 시대의 창작물 윤리

인공지능은 현재 가장 빠르게 변화하고 있는 기술 분야이다. 오픈 AI가 개발한 대화형 인공지능 챗봇 챗GPT가 출시되자마자, 분야를 가리지 않고 챗GPT를 활용한 수많은 프로그램과 스타트업이 탄생했고, 또 사라졌다. 그 어느 때보다 빠른 변화다. 지금 출시된 생성형 AI도 향후 어떻게 변화해나갈지 예측하기 어렵다.

하지만 법과 제도는 항상 느리다. 변화와 혁신이 아닌 안정을 목표로 하기 때문에 필연적으로 보수적일 수밖에 없다. 법과 제도가 기술의 발전 속도를 따라가지 못하기 때문에 위와 같은 공백이 발생하고, 그 공백은 앞으로 더 넓어질 것이며, 그때마다 사람들은 혼란스러워할 것이다. 누군가는 이 틈을 타고 불법과 합법을 오가며 이익을 얻을지도 모른다.

앞으로 사회적 논의가 진행됨에 따라 새로운 법적 기준이 마련되고 관련 판례가 확립될 것이다. 따라서 당장 법적으로 문제가 되지 않는다고 해서 향후에도 그러할 것이라고 생각해선 안 된다. AI를 활용하여 어떤 창작물을 만들어내더라도 그 결과에 대한 윤리적 책임은 AI를 활용한 사람에게 있다는 것을 잊지 말자.

유명한 밈을
마음대로 사용해도 되나요?

파워 블로거인 A 씨는 최근 자신의 딸이 인기 많은 대중가요를 따라 부르며 춤추는 모습을 보고, 자신의 블로그 콘텐츠로 만들면 좋겠다는 생각을 했다. 어린아이가 따라 하기에 꽤 어려운 노래와 춤인데도 곧잘 따라 하는 모습이 신기하면서도 귀여웠고, 또래 아이들도 함께 따라 하며 즐기기 좋겠다는 생각이 들었기 때문이다. 더욱이 조회수도 아주 많이 나올 것이라는 확신이 들었다. 영상을 촬영하고 편집하는 데만 꼬박 반나절이 걸렸다. 그리고 A 씨의 예상은 적중했다. 업로드와 동시에 조회수가 엄청나게 오르기 시작했고 콘텐츠도 유명해지기 시작한 것이다. 그러나 기쁨도 잠시, A 씨는 며칠 뒤 '저작물 무단 복제'라는 이유로 게시물을 삭제할 것을 요구하는 내용증명을 받게 된다.

100만 유튜버의 대표 콘텐츠, 그중에서도 시청률이 고점을 찍었던 가장 재미있는 순간만을 편집한 콘텐츠를 온라인 이곳저곳에서 쉽게 볼 수 있다. 그런데 자세히 살펴보면 그 콘텐츠를 게시한 사람이 해당 콘텐츠를 창작한 유튜버가 아니다. 다른 사람들이 마음대로 잘라서 재확산하는 것이다. 유명세를 얻은 콘텐츠는 단순히 재확산되는 것을 넘어서 여러 형태로 변형, 편집되어 돌아다니곤 한다. 새로운 아이디어가 추가되어 재확산된 콘텐츠 자체가 주는 즐거움도 쏠쏠하다.

이렇게 즐거움을 주는 것을 목적으로 제작된 메시지나 이미지, 영상 등의 콘텐츠가 다수로부터 공감을 얻어 인터넷상에서 널리 공유되고, 여러 형태로 편집·가공되어 재확산되는 현상을 밈meme 문화라고 한다. 처음에는 메시지나 이미지 등 정적인 콘텐츠 위주였지만 최근에는 15초 이내의 숏폼 영상 콘텐츠가 인기를 얻기 시작하면서 영상 콘텐츠 형태로까지 확장되었다.

한번 인기를 얻은 콘텐츠는 여러 SNS 채널에 확산되어 수일 안에 대중적인 관심을 얻게 된다. 빠른 시간 안에 광범위한 청중의 공감을 불러일으키기 때문에 상대적으로 관심을 받지 못하던 연예인이나 인플루언서가 관심을 받게 되는 계기가 되기도 한다. 놀림과 조롱의 대상으로 활용되기도 하지만, 사회·정치적 이슈를 풍자하는 형태로 이용되기도 하는 등 오늘날 밈은 온라인 이용자 사이의 놀이문화이자 사회적 논평의 한 형태로 인터넷 문화의 중요한 부분이 되었다.

그런데 유튜브 숏폼 콘텐츠는 정말 아무 제한 없이 만들어도 되는 걸까? 콘텐츠에 출연한 사람의 초상권도 있을 것이고, 처음 제작한 사람의 저작권도 있을 텐데 온라인에서 누구나 쉽게 공유하고 소비하니 마음대로 사용해도 괜찮은 걸까? 어쩐지 아닐 것 같지만 수많은 사람이 이미 사용하고 있으니 무엇이 맞는지 모르겠는 이 상황, 한번 정리해보자!

밈 현상 확산에 따른 저작권 등
침해 쟁점과 현실

많은 사람이 소셜미디어에서 밈으로 통용되는 특정한 이미지나 영상 등을 일상적으로 사용하고 있다. 단순히 놀이문화가 아니라 온라인에 특화된 효과적인 의사 표현 수단으로 보이기도 할 정도다. 그런데 밈은 그 특성상 특정한 이미지 등의 콘텐츠를 이용하게 되므로 저작권 문제에 걸릴 수밖에 없다. 따로 원저작자가 있는 콘텐츠를 허락받지 않고 그대로 사용한다면, 저작권법상 복제권과 전송권 등을 침해할 수 있다. 일부를 변형해서 사용하는 경우에는 동일성유지권, 2차적저작물작성권 등의 침해 문제가 생길 수 있다. 사람이 등장한 콘텐츠라면 초상권 침해의 문제도 있다.

그렇다면 온라인상의 수많은 콘텐츠는 모두 미리 허락을 받고 사용하는 것일까? 물론 그런 경우도 있겠지만, 현실적으로는 원저작자가 직접 권리 주장을 하는 경우가 많지 않아서 법적인 문제가 있더라도 문제 삼지 않고 넘어가는 경우가 많다.

우선 원저작자가 저작권 침해를 받았다고 하더라도 이를 구제받기가 현실적으로 어렵기 때문에 이를 수인하고 넘어가는 것이다. 밈으로 확산될 정도라면 이미 너무 많은 콘텐츠가 온라인상에서 쏟아지고 있기 때문에 이것을 모두 추적하기가 사실상 불가능한 것이다.

또한 원저작자가 권리 주장을 할 수 있는 법적 절차가 간단하지 않고 시간도 오래 걸리기 때문에 특별히 큰 피해가 없다면 포기하는 경우도 많다. 만약 소송을 한다면 첫 재판이 열리기도 전에 이미 온라인에서 관심이 줄어들었을 것이다.

더 근본적으로는 원저작자가 밈으로 확산되기를 바라는 경우가 많아 저작권 침해를 주장할 유인이 별로 없고, 그래서 법적 분쟁으로 불거지는 경우가 적다. 오늘날 온라인에서 콘텐츠를 창작하는 사람들은 자신의 콘텐츠가 더 많은 조회수를 얻고, 그로부터 유명세를 얻고 수익을 창출하는 것을 가장 큰 목표로 하기 때문이다.

현실은 이러하지만, 불법성의 위험은 항상 존재한다. 원저작자가 자신의 콘텐츠가 밈으로 활용되는 것에 대해 별다른 생각이 없더라도 상업적으로 활용되어 타인이 수익을 본다거나 밈을 다른 방식으로 소비하여 모욕, 명예훼손 등의 피해가 발생한다면, 대응을 달리할 수 있다.

더욱이 콘텐츠의 원본을 쉽게 판별할 수 있는 NFT 기술까지 마련되었기 때문에 원본 아닌 콘텐츠를 무분별하게 사용하다가는 언젠가 갑자기 피해를 보상해야 할지도 모른다.

더 중요한 것은, 피해가 발생하지 않았거나 원작자의 이의를 받을 가능성이 낮더라도, 또 아직 규제 수준이 따라오지 못한다고 하더라도, 다른 사람의 콘텐츠를 사용하여 내가 이익을 본 것이 있다면 마땅히 해야 할 도리가 있지 않을까? 무법지대처럼 보이는 디지털 세상이지만 현명하게 이용해보자.

손담비 〈미쳤어〉 어린이 동영상 사건

그렇다면 타인의 콘텐츠를 온라인에서 어떻게 이용해야 불법이 아닌 걸까? 온라인에서 콘텐츠를 활용하는 사례는 셀 수 없이 많겠지만 여기서는 원본 콘텐츠를 인용하거나 모방하는 등 밈의 일반적인 활용 방법을 기준으로 알아보자. 아래의 사례는 가장 유명한 사건을 일부 각색한 것이다.•

> A 씨는 블로그 운영자인데, 가족 여행 중에 당시 다섯 살이었던 자신의 딸이 2008년 9월 발매된 가수 손담비의 노래 〈미쳤어〉를 따라 부르며 춤추는 영상을 촬영하여 자신의 블로그에 업로드하였다. 이 영상은 총 53초 분량으로 초반 15초 정도만 〈미쳤어〉를 따라 부르는 것을 식별할 수 있고, 딸아이가 가창으로 노래를 불렀기 때문에 음정, 박자, 가사가 상당히 부정확하였다.

• 서울고등법원 2010. 10. 13. 판결 2010나35260 참조.

A 씨의 블로그 게시물을 본 저작권신탁관리업자 B는 위 블로그 운영
업체인 N사를 상대로 A 씨의 게시물을 삭제하도록 요청하였고, N사는
이를 받아들여 영상을 삭제하였다. 이에 A 씨는 B를 상대로 손해배상
500만 원을 청구했다.

이 사건에서 쟁점은 위 어린이 동영상이 〈미쳤어〉를 허락 없
이 복제하고 온라인에 전송하여 저작권을 침해했는지 여부였
다. B는 A 씨가 음악 저작물 〈미쳤어〉를 무단으로 복제하여 온
라인에 전송함으로써 저작권자의 '복제권'과 '전송권'을 침해
하는 방법으로 음악 저작권을 침해했다고 주장했다. 법원은 A
씨의 콘텐츠가 저작물인 〈미쳤어〉의 일부를 복제하여 블로그
에 게재한 것은 저작권법의 복제와 전송에 해당한다고 보았다.
저작권법에 따르면 오직 저작권자만이 복제권과 전송권을 갖
기 때문에 사전 허락 없이 이를 침해하면 저작권 침해가 될 수
있다.

하지만 법원은 저작권법 제28조에 따라 이미 공개된 저작물
을 정당한 범위 안에서 사용한 것이라는 이유로 저작권 침해
에 이르지 않았다고 판단하였다. 법원이 이렇게 판단한 주요
근거는 다음과 같다. A 씨가 제작한 어린이 동영상은 '딸의 귀
엽고 깜찍한 모습과 행동을 생동감 있게 표현한 것으로 창작
성 있는 저작물에 해당'하고, '영리를 목적으로 제작되거나 전
송된 것은 아니'며, 저작물의 가치를 훼손하지 않았고, 저작물

의 출처도 명시하고 있기 때문에 정당한 범위에서 공정한 관행에 합치되게 사용했다는 것이다.

결국 원고 A 씨의 손해배상 청구가 일부 인정되었는데, 그 금액은 20만 원으로 선고되었다. 소송 비용이 더 많이 지출되어 배보다 배꼽이 더 컸겠다고 생각할 수 있겠지만, 다행히 B 사의 책임이 80% 인정되어 소송 비용의 80%는 B 사가 부담하게 되었다.

모두를 위한 밈 사용 가이드

대중가요를 따라 부르며 춤추는 동영상이 저작권 침해 소송까지 갈 일인가 싶겠지만, 평소 별생각 없이 사용하다가 갑자기 내용증명이나 소장을 받게 되는 대표적인 법률 분쟁이 저작권 침해 사건이니 평소에 잘 대비하자.

밈은 내가 창작하지 않은 콘텐츠를 활용하는 것이라 필연적으로 다른 사람의 저작물을 활용하며, 따라서 저작권 침해 소지를 안고 있다. 이때 저작권을 침해하는 불법 밈이 되지 않는 방법으로는 원저작자의 동의를 받아 2차적 저작물, 편집 저작물을 만드는 방법, 정당한 범위 내에서 사용하는 방법이 있다.

밈은 원본 콘텐츠를 그대로 복제·배포하기도 하지만, 원본 콘텐츠에 유머와 풍자를 더하는 방식으로 일부 내용을 추가하여 새로운 콘텐츠로 만들어내기도 한다. 이렇게 만들어진 새로운 콘텐츠가 새로운 창작성을 가지게 된다면 이를 2차적저작물이라고 한다. 대표적인 2차적저작물은 오마주 또는 패러디이다.*

또한 단순히 원본을 편집했는데 그 편집물이 소재의 선택·배열·구성에 창작성이 있다면 그것도 별도의 저작물로 인정한다. 이를 편집저작물이라고 한다. 이처럼 새로운 창작성이 더해진다면 그것은 새로운 창작물로 인정되어 저작물로 보호된다.

둘째로 저작물을 정당하게 이용하는 방법이 있다. 저작권자가 비밀로 하지 않고 대중에 공개한 저작물의 경우 그 출처를 명시하고 정당하게 사용할 수 있다. 여기서 정당한 사용이란, 저작물의 일반적인 이용 방법과 충돌하지 아니하고 저작자의 정당한 이익을 부당하게 해치지 아니하는 방법을 말한다. 가장 많은 경우는 단순 인용이다. 내가 작성한 콘텐츠에서 타인의 저작물을 인용할 수 있다. 예를 들어 영화를 관람한 사람이 개인 블로그에 영화에 대한 평가를 작성하면서 영화 이미지를 일부 추가해도 된다. 돈을 벌 목적이 아니라 개인적으로 활용

---

* 저작권법 제5조(2차적저작물) ① 원저작물을 번역·편곡·변형·각색·영상제작 그 밖의 방법으로 작성한 창작물(이하 "2차적저작물"이라 한다)은 독자적인 저작물로서 보호된다. ②2차적저작물의 보호는 그 원저작물의 저작자의 권리에 영향을 미치지 아니한다. 제6조(편집저작물) ①편집저작물은 독자적인 저작물로서 보호된다. ② 편집저작물의 보호는 그 편집저작물의 구성부분이 되는 소재의 저작권 그 밖에 이 법에 따라 보호되는 권리에 영향을 미치지 아니한다.

하기 위해서 이용하는 것도 가능하다. 인터넷에서 발견한 아름다운 이미지를 출력하여 내 방에 걸어두는 것 등을 말한다.

그 외에도 저작물을 일반적인 용도로 이용하면서 저작권자에게 피해를 주지 않는다면 공정한 이용에 해당해 저작권 침해를 피할 수 있다. A 씨의 사례에서 본 것처럼, 타인의 콘텐츠를 이용하는 목적과 성격, 그 콘텐츠를 이용함으로써 원작자가 받는 피해의 정도나 중요성 등을 포괄적으로 평가한다.

오늘날 밈이 온라인 놀이 문화의 하나로 여겨지는 동시에 원작자가 불특성 나수를 통해 콘텐츠가 재확산되는 것을 의도한 경우가 많기 때문에 특별히 원작자에게 피해를 주거나 수익 활동에 사용하는 것이 아니라면, 공정한 이용에 해당해 저작권 침해가 되지 않을 가능성이 높다.*

• 저작권법 제28조(공표된 저작물의 인용) 공표된 저작물은 보도·비평·교육·연구 등을 위하여는 정당한 범위 안에서 공정한 관행에 합치되게 이를 인용할 수 있다. 제35조의5(저작물의 공정한 이용) ① 제23조부터 제35조의4까지, 제101조의3부터 제101조의5까지의 경우 외에 저작물의 일반적인 이용 방법과 충돌하지 아니하고 저작자의 정당한 이익을 부당하게 해치지 아니하는 경우에는 저작물을 이용할 수 있다. ② 저작물 이용 행위가 제1항에 해당하는지를 판단할 때에는 다음 각 호의 사항등을 고려하여야 한다. 1. 이용의 목적 및 성격. 2. 저작물의 종류 및 용도. 3. 이용된 부분이 저작물 전체에서 차지하는 비중과 그 중요성. 4. 저작물의 이용이 그 저작물의 현재 시장 또는 가치나 잠재적인 시장 또는 가치에 미치는 영향.

엄마가 가족 인스타그램을 운영할 때 아이의 초상권은 문제가 되나요?

인플루언서 A 씨는 5세, 7세 두 아이의 엄마다. A 씨가 주로 올리는 콘텐츠는 요리, 인테리어, 육아를 주제로 한다. 수준급의 요리 실력과 아름다운 플레이팅까지, 눈을 즐겁게 하는 콘텐츠 덕분에 수많은 팔로워가 그녀의 콘텐츠를 구독한다. 특히 A 씨 콘텐츠의 인기 요인은 눈길을 끄는 외모와 그녀의 외모를 쏙 빼닮은 아이들의 모습이다. A 씨가 만든 간식을 먹으며 투덕거리는 아이들 영상에는 항상 가장 많은 댓글이 달린다.

그러던 어느 날 A 씨가 평소처럼 아이들 콘텐츠를 올렸다가 팔로워가 1만 명이나 줄어든 사건이 발생했다. 아이들과 함께 즐긴 호캉스 콘텐츠가 문제였다. A 씨는 협찬받은 목욕 장난감을 자연스럽게 홍보하고자 호텔 욕조에서 아이들이 거품 목욕을 하며 장난감을 가지고 노는 장면을 촬영하여 업로드했다. 영상 속에는 옷을 입지 않은 아이들의 뒷모습이 선명하게 노출되었다. 팔로워들은 '엄마가 돈을 벌려고 아이를 이용한다'라며 불쾌감을 표시하였고, 급기야 팔로우를 취소하기에 이르렀다.

디지털 세상의 개인정보보호 흐름

약 10년 전 페이스북(현 메타)과 인스타그램을 사용했던 독자라면, 지인이 내 사진을 본인 피드만이 아닌 내 피드에도 올릴 수 있었던 것을 기억할 것이다. 페이스북과 인스타그램이 등장했던 초기에는 다른 사람이 내 사진을 자신의 피드에 올리고 내 계정을 태그하면, 내 계정의 피드에도 그 사진이 게시되었다. 이 과정에서 내 동의는 필요하지 않았다. 온라인을 통한 소통이 지금만큼 활발하지 않았을 때는 디지털 세상에 타인의 개인적인 정보나 초상권 등을 활용하는 것의 심각성이 크게 부각되지 않았다.

하지만 전 세계적으로 소셜미디어 이용자 수가 급증하고, 어느새 소셜미디어 사용이 보편화되면서 나의 정보가 불특정 다수를 향해 무분별하게 공유되자 당혹감과 불쾌감을 느끼는 사람들이 많아졌다. 우리는 알게 모르게 많은 데이터를 온라인 세상에 남기고 있는데, 거대 기업은 이를 이용하여 초개인화된 맞춤 서비스를 제공한다.

세계 최대 소셜미디어 기업 메타Meta는 메타, 인스타그램, 스레드threads 등의 소셜미디어를 운영하는 기업으로, 각 채널 이용자의 행동 데이터를 이용한 맞춤형 온라인 광고 사업을 주 수익원으로 한다. 2023년 4분기 기준으로 전 세계에서 메타를 사용하는 이용자 수가 일 평균 20억 명을 돌파했다고 한다. 메타는 매일 20억 명 이상의 이용자가 자사 플랫폼에서 어떤 콘텐츠를 얼마나 오래 보면서 무엇을 클릭하고 무엇을 주로 구매하는지 등의 정보를 수집하고 있는 것이다.

그러자 사람들은 점점 더 높은 수준의 정보보호를 요구했고, 나의 정보가 어디서 어떻게 어떤 목적으로 사용되는지 결정하는 것을 자신의 권리로 인식하는 '데이터 주권'에 대한 민감성이 날로 높아졌다. 현재 유럽연합(EU)에 속한 모든 국가는 유럽연합 일반데이터보호규칙General Data Protection Regulation, GDPR에 따라 사생활 및 개인정보보호 의무를 지고 있고, 국내법은 개인정보보호법의 규율을 받는다. 이러한 추세에 발맞추어 애플은 2021년 '앱 추적 투명성 정책'을 도입하여 iOS 이용자가 자신의 데이터를 활용한 맞춤형 광고를 이용할지 말지 결정할 수 있게 하였다.

전 세계적으로 개인정보보호에 대한 요구가 커지고, 관련 규제가 엄격해지자 개인정보를 활용하는 기업은 직격탄을 맞을 수밖에 없었다. 메타는 이미 여러 차례 개인정보 관련 규제 위반으로 천문학적인 액수의 벌금을 내왔다. 2019년에는 미국 연방거래위원회(FTC)가 50억 달러(한화 약 6조 5,000억 원)의 벌금을 부과했는데 당시 개인정보보호 위반으로 낸 벌금으로는 가장 큰 금액이었다. 애플의 개인정보 수집 제한 정책 탓에 2022년에는 메타의 주가가 60% 넘게 폭락하기도 했다. 2023년 5월에는 개인정보보호 의무 위반으로 유럽연합으로부터 12억 유로(약 1조 7,000억 원)의 벌금을 부과받아 또다시 사상 최대 벌금액을 갱신하였다.

이처럼 전 세계적으로 디지털 세상에서는 개인정보를 보호하고, 이를 활용하는 기업을 규제하려는 움직임이 날로 발전하고 있다. 최근에는 그동안 논의의 중심에서 다소 벗어나 있던 아동과 청소년의 개인정보보호가 큰 화두가 되었다.

미래의 딸이 보낸 경고

도이치텔레콤은 2023년 7월 엘라의 메시지라는 캠페인을 통해 부모가 자녀의 동의 없이 온라인상에 공개한 자녀의 사진 등이 어떤 위험을 불러올 수 있는지 경고했다. 캠페인은 9세 소녀 엘라가 부모님을 극장에 초대하는 것으로 시작한다. 화면에는 AI와 딥페이크 기술을 통해 성인의 모습이 된 엘라가 등장한다. 엘라는 디지털 기술의 발전으로 자신이 성인이 되었을 때의 모습을 미리 볼 수 있다고 소개하면서, 디지털 기술을 통해 자신의 어린 시절 사진을 손에 넣은 사람들이 어떤 행동을 할 수 있는지 설명한다.

부모가 동의 없이 올린 엘라의 사진이나 영상 속 목소리를 이용하여 자신이 하지 않은 일도 한 일처럼 만들 수 있고, 자신이 놀림감이 되는 밈으로 만들어질 수도 있으며, 특히 자신의 모습이나 목소리를 범죄에 이용할 수 있다는 점을 말한다.

영상 후반부에서 엘라는 눈물을 흘리며 "그리고 나는 특히 이렇게 되는 걸 원치 않아요"라고 말한다. 이내 화면 속에 엘라의 어린 시절 사진이 떠워지는데, 그 사진은 엘라가 어린 시절 해변에서 옷을 입지 않은 채 찍힌 사진이었다. 사진 파일은 "sexy girl on beach"라는 이름으로 저장되어 있으며, 이미 수천 명이 다운로드했다. 누군가 엘라의 어린 시절 사진을 손에 넣고 성희롱하는 데 사용한 것이다.

위 캠페인 영상은 아이들의 데이터를 보호하자는 문구와 웹사이트를 떠우며 끝난다. 도이치텔레콤에 따르면 부모 중 75% 이상이 자녀의 사진 또는 영상을 소셜미디어에 공유하는데, 그들의 팔로워 중 80%는 일면식도 없는 사람들이라고 한다. 도이치텔레콤은 AI와 딥페이크 기술을 활용해 손쉽게 어린아이의 데이터를 도용하여 사기 범죄에 활용될 수 있다면서 무심코 소셜미디어에 미성년자의 사진이나 영상을 공유하는 것에 따른 위험성을 경고하고자 이번 캠페인을 기획했다고 한다.

셰어런팅의 법적 문제점

부모가 자녀를 양육하면서 그 일상을 사진이나 영상 등으로 촬영하여 SNS에 공유하는 것을 셰어런팅sharenting이라고 한다. 온라인에 공유한다는 뜻의 '셰어링sharing'과 육아를 뜻하는 '페어런팅parenting'을 합친 신조어다. 인스타그램이나 유튜브에서 육아와 관련된 해시태그를 검색하면 수도 없이 많은 게시물이 검색된다. 더 넓은 의미의 셰어런팅은 소셜미디어에 올리는 것만이 아니라 부모가 자신의 프로필 사진으로 자녀의 사진이나 영상을 게시하는 것, 카카오톡과 같은 채팅 기능을 통해 공유하는 것도 포함한다. 즉 디지털 세상에서 자녀의 동의 없이 자녀의 모습을 담은 콘텐츠를 전송하는 모든 행위를 셰어런팅이라고 볼 수 있다.

사회여론조사 전문기관 한국리서치의 셰어런팅 인식 조사에 의하면, 초등학생 이하 자녀가 있는 응답자 중 절반 이상(58%)이 최근 1년 사이 자녀의 사진·영상을 주변 사람(가족, 친척, 친구 등)에게 보낸 적이 있다고 응답했다. 한두 번 공유했다는 응답을 합하면 84%가 경험이 있다고 답했다. 셰어런팅은 SNS를 활용하여 아이와의 일상과 추억을 기록할 수 있고 다른 부모들과 정보를 공유하는 데에도 도움이 된다는 등의 장점이 있으나, 법적으로는 포스팅 과정에서 자녀의 동의를 구하지 않았다는 점에서 아동의 자기결정권과 초상권 등을 침해한다. 성장한 자녀가 자신이 공개하고 싶지 않은 어린 시절의 사진과 영상이 인터넷에 무분별하게 업로드되었다는 사실을 인지하고 수치심을 가질 수도 있다.

세계적으로 셰어런팅을 금지하고 이를 어긴 부모에게 법적

제재를 가하는 추세다. 우리나라는 아직 셰어런팅을 직접적으로 제한하지 않는다. 다만 아직 법제화 단계에 이르지는 못했지만 2024년 7월 개인정보보호위원회와 교육부, 복지부 등 관계부처가 합동으로 '아동·청소년 개인정보보호 기본계획'을 발표하고, 아동·청소년 개인정보보호 가이드라인을 배포했다.

해당 가이드라인에는 보호자 및 교육자를 위한 체크리스트가 있는데, 셰어런팅에 관한 내용도 포함하고 있다. 그중 일부를 발췌하였으니 아이를 둔 독자라면 아이의 정보보호를 위해 필요한 사항을 잘 준수하고 있는지 확인해보자. 한 가지 유의할 점은 아이가 나온 사진, 영상을 공개하는 것만이 아니라 아이가 다니는 어린이집, 학교, 학원 등의 위치나 자주 가는 장소, 친구나 선생님에 관한 정보 등도 위험할 수 있다는 점이다.

'아동·청소년 개인정보보호 기본계획'
체크리스트 중 일부

온라인 활동에 대한 적절한 보호와 통제가 이루어지고 있나요?

사용 시간, 장소 등 온라인 이용 규칙을 정하였나요?

아동·청소년이 사용하는 기기나 서비스의 기능과 옵션을 아동의 연령에 맞게 적절히 설정하였나요?

보호자가 SNS 등에 아동·청소년의 개인정보를 노출하고 있나요?

아동·청소년이 이용하고 있는 서비스 중 법정대리인의 동의가 필요한 서비스에 법정대리인으로서 동의하였나요?

아동·청소년이 이용하는 서비스와 관련하여 아동·청소년의 이용 소감을 수시로 묻고 대화하나요?

개인정보 침해 시 대처 방법을 알려주었나요?(초등학교 고학년 이상에 해당)

프랑스에서는 자녀의 초상권을 함부로 침해했다간 징역까지 가능?

프랑스에서는 부모가 자녀의 동의 없이 소셜미디어에 사진 등을 올릴 경우 처벌이 가능해질 수 있다. 2024년 2월 셰어런팅 제한법이 의회 상임위원회에서 만장일치로 통과하여 법제화가 추진되고 있기 때문이다. 프랑스 정당 르네상스 소속 브루노 스투더 의원이 23년 3월 발의한 셰어런팅 제한 법안에는 "부모는 자녀의 사생활 보호 의무를 지닌다"는 내용이 담겨 있다. 자녀의 초상권을 보호하는 것은 부모의 의무 중 하나라는 것이다. 자녀의 사진을 게시하는 것에 대해 부모와 자녀의 의견이 다르면 사진을 게시할 수 없고, 심지어는 가정법원 판사가 개입할 수도 있다. 법으로 사진 게시 금지 판결까지 내릴 수 있는 것이다.

만약 부모가 자녀의 동의 없이 사진을 올리면 어떻게 될까?

자녀가 부모를 상대로 소송을 할 수 있다. 만약 부모의 잘못이 인정되면 최대 1년 이하의 징역까지 가능하고 벌금형에 처해질 수 있다. 우리나라에서는 아직 크게 거부감이 없는 일이지만, 프랑스에서는 형사 범죄인 셈이다.

유사한 사례가 캐나다에서도 있었다. 캐나다 앨버타주에 사는 대런 랜들이 부모에게 합의금으로 35만 캐나다 달러(약 3억 원)를 청구한 사건이다. 랜들의 부모는 랜들이 아기였을 때 나체 상태인 랜들의 얼굴 등에 도넛이나 초콜릿 등을 묻힌 사진을 SNS에 올렸다. 랜들은 이 사진을 자신의 지인들이 언제든 찾아볼 수 있었고 오랜 시간 동안 놀림을 당하며 굴욕을 겪었으니 이를 보상해야 한다고 주장했다.

셰어런팅은 아직 생소한 개념이기도 하고, 우리나라와 외국의 문화적 차이가 많이 느껴지는 쟁점이다. 개인정보에 대한 민감성 자체가 다르기 때문인 듯하다. 우리나라에서는 연예인 등 얼굴이 알려진 사람들이 자녀의 사진을 공개하지 않는 경우가 있지만 아직 자녀의 사진을 공개하는 것을 크게 문제 삼지 않았다. 하지만 디지털 기술이 발전함에 따라 데이터가 무차별적으로 활용되고, 나도 모르는 사이 악용될 우려가 큰 만큼, 어린 자녀를 보호하는 것에 더 관심을 가져야 할 때다.

뒷광고와 가짜 내돈내산
법적으로 문제가 되나요?

팔로워를 무려 50만 명이나 보유한 인스타그래머 A 씨는 이른바 인플루언서다. 그가 운영하는 인스타그램 피드에 제품 1개를 게시할 때마다 수백만 원에서 수천만 원의 광고비를 받는다. 그의 팔로워는 대부분 오랜 골수팬이라 그가 추천하는 제품이라면 일단 사는 경우가 많아 기업 사이에서는 구매 전환율이 높은 인플루언서로 유명하다.

A 씨는 자영업자인 가족을 돕기 위해 가족이 판매하는 상품을 올려주기도 하고, 구매 전환율을 높여 자신의 광고비를 더 높이기 위해 상품 소개글에 광고를 받았다는 사실을 숨기기도 한다. 가끔은 업체가 광고 받은 사실을 숨겨주면 광고비를 더 주겠다는 제안을 하기도 한다. 광고를 표시하지 않으면 사람들이 더 많이 사기 때문이다.

이 사실을 알고 있던 친구 B 씨가 A 씨에게 "광고 사실을 숨기는 것은 팔로워를 상대로 사기 치는 것"이라며 나무랐다. 이에 A 씨는 "가족 사이에서 광고비를 받지 않고 도와주는 것이고, 광고라는 사실을 밝히지 않아도 팔로워들이 좋아하는데 뭐가 문제냐"며 "광고가 아닌 것처럼 콘텐츠를 작성하는 게 내 노하우다"라고 맞섰다. 하지만 내심 마음이 찝찝한 상태로 친구 B 씨와 헤어졌다.

인플루언서 광고의 명암

대중적으로 유명한 사람들의 영향력을 브랜드 마케팅에 활용하는 것을 인플루언서 마케팅이라고 한다. 과거에는 연예인 등 유명인의 이미지를 활용한 광고 전략만을 의미했으나, 2010년대 이후 소셜미디어가 대중화되면서 인플루언서 광고의 의미와 범위가 크게 확장되었다. 다양한 분야에서 전문성과 소통 능력을 갖춘 크리에이터들이 새로운 유형의 인플루언서로 등장했고, 이들이 주도하는 마케팅 시장이 새롭게 등장한 것이다. 새로운 인플루언서들은 연예인 등 기존의 '셀럽'들보다 대중적 인지도나 유명세는 낮지만, 자신들만의 차별화된 콘텐츠를 바탕으로 확보한 팬층의 높은 신뢰도와 구독자와의 친밀감을 광고에 활용한다. 기업은 자사의 제품 또는 서비스의 홍보 채널을 확보하고, 인플루언서는 금전적 수익과 콘텐츠 생산이라는 두 마리 토끼를 모두 잡을 수 있기에 인플루언서 광고는 활발하게 생산되고 있다.

그러나 인플루언서 광고 시장이 활발하게 성장하면서 인플루언서에 의한 콘텐츠가 홍수같이 쏟아지고, 많은 돈이 몰리면서 광고의 신뢰도에 대한 의문이 동시에 불거졌다. 대표적인 사례가 지난 2020년 불거진 이른바 '뒷광고' 논란이다. 뒷광고는 광고성 콘텐츠임에도 광고임을 명확하게 밝히지 않거나, 혹은 아예 광고가 아니라고 거짓말을 한 경우를 말한다. 전통적인 광고 시장에서는 상상도 못 할 일이지만 인플루언서 시장의 특성상 이것이 가능했다. 인플루언서들은 주로 개인 명의로 된 채널을 운영하면서 자신들의 사적인 일상을 콘텐츠로 만들어 인기를 얻었기 때문에 자연스럽게 광고가 아닌 듯 꾸밀 수 있었던 것이다.

당시 한 유튜버의 문제 제기로 일부 인터넷 방송에서 뒷광고를 하고 있다는 사실이 알려졌고, 많은 사람이 충격을 받았다. 연예인들이 회사에 소속되어 완벽한 모습을 보여주었다면, 비연예인인 인플루언서는 팔로워와 친밀감을 형성하며 때로는 민낯을 보여주는 식으로 솔직한 사생활을 공개해왔다. 그렇다 보니 이들이 올리는 콘텐츠는 소속 회사가 판매하기 위한 의도를 가지고 가공한 것이 아니라 솔직하고 진실된 것이라는 신뢰를 만들 수 있었다. 뒷광고는 팔로워 또는 구독자들의 이러한 신뢰를 정면으로 깨버린 것이다.

그렇다면, 이러한 행태가 법적으로는 문제가 없는 것일까? 뒷광고로 인해 내가 피해를 입었다면 그 유튜버나 광고주에게 법적 책임을 물을 수 있는지 살펴보고, 무엇보다 인플루언서가 합법적으로 광고 콘텐츠를 생산하는 방법을 알아보자.

뒷광고에 형법상 사기죄를 적용할 수 있을까?

사기죄는 사람을 속여서(기망행위) 재산상 이득을 취하는 범죄를 말한다. 뒷광고 인플루언서에게 사기죄를 적용하려면, 인플루언서가 광고를 송출하는 채널에서 광고라는 사실을 시청자에게 명확하게 밝히지 않은 것이 형법상 사기죄의 '기망행위'에 해당하는지를 따져보아야 한다. 단순히 광고라는 사실을 공개하지 않은 것인지, 혹은 적극적으로 광고가 아니라고 거짓말을한 것인지 등에 따라 기망행위 여부에 대한 판단이 갈릴 수 있기 때문이다.*

적극적으로 광고가 아니라고 했다면 기망에 해당할 가능성이 높다. 뒷광고가 아니라는 점을 강조하기 위해 '내돈내산'(광고글을 작성하는 것을 대가로 광고주로부터 어떠한 경제적 이익도 받지 않고 직접 구매하여 사용한 것이라는 점을 알리기 위한 인터넷 은어)이라고 했지만 실제로는 광고비를 받고 작성한 경우 등을 말한다.

뒷광고 사기 사건에서 가장 쟁점이 되는 것은 '소극적으로 광고임을 숨긴 경우'이다. 법적인 표현으로는 '부작위에 의한기망'이라고 한다. 이것은 거래를 결정하는 데 중요한 사실을 알릴 의무가 있는 사람이 그 사실을 알리지 않고 숨겼을 때 인정된다.

월세 계약을 한다고 가정해보자. 그 집이 현재 경매가 진행

• 형법 제347조(사기) ① 사람을 기망하여 재물의 교부를 받거나 재산상의 이익을 취득한 자는 10년 이하의 징역 또는 2천만 원 이하의 벌금에 처한다.

중인 집이라면 월세 계약을 할 사람은 거의 없을 것이다. 낙찰되면 집에서 나가야 할 수 있기 때문이다. 이런 경우, 집주인은 월세 계약을 원하는 예비 임차인에게 현재 그 집이 경매 중이라는 사실을 알릴 의무가 있다. 만약 이를 알리지 않으면 부작위에 의한 기망이 될 수 있다.

인플루언서는 어떨까? 일률적으로 말하기 어려운 부분이다. 위의 예시처럼 거래의 목적을 달성하기 어려운 정도로 중요한 정보를 숨긴 것이라면 고지할 의무가 있다고 볼 수 있다. 하지만 인플루언서의 광고 여부가 거래의 본질을 달성하는 데 방해가 되는 정보라고 단정하기 어렵다. 팔로워들이 광고임을 알았더라면 그 제품을 사지 않았을 것이라고 인과관계를 단정하기는 어려워 보인다.

또한 해당 인플루언서가 재산상 이익을 취했다는 사실도 입증되어야 한다. 뒷광고 콘텐츠를 제작하는 대가로 광고주로부터 대가(광고비)를 받지 않았다면 사기로 판단하기 어려울 수 있다. 다만 이것 역시 개별 사례에 따라 해석의 차이가 있을 수 있다.

한편, 광고주는 어떤 책임을 지게 될까? 인플루언서에 대한 처벌은 사례에 따라 판단의 여지가 상대적으로 많은 반면, 뒷광고를 발주한 광고주에 대한 법령은 비교적 명확하다. 표시광고법 제17조 벌칙 규정에 따르면 "부당한 표시·광고 행위를 하거나 다른 사업자등으로 하여금 하게 한 사업자"는 2년 이하의 징역 또는 1억 5,000만 원 이하의 벌금형을 받을 수 있다.

광고는 광고라고 표현되어야 한다

뒷광고 이슈가 불거지자 공정거래위원회는 추천·보증 등에 관한 표시·광고 심사지침을 개정하고 인플루언서를 위한 가이드라인을 제시하였다. 가이드라인에 따르면, 광고주가 아닌 제3자(인플루언서 등)가 경제적 대가를 받고 영리적인 광고를 제공하는 경우 반드시 경제적 이해관계를 표시해야 한다. 광고주와 인플루언서 사이에 경제적 이해관계가 있는지 여부는 소비자가 알아야 할 중요한 정보이고, 이것을 명확히 공개하는 것이 소비자의 합리적인 선택권을 보장하는 것이라고 본 것이다. '광고는 광고라고 표시해야 한다'라는 어찌 보면 매우 당연한 원칙을 가이드라인으로 명시했다고 볼 수 있다.

공정거래위원회의 가이드라인에는 블로그, 인스타그램, 유튜브 등 매체별로 광고성 콘텐츠 여부를 어떻게 표시해야 하는지가 사례와 함께 구체적으로 제시되어 있다. 이에 따르면 매체가 무엇이든 광고성 콘텐츠는 소비자가 쉽게 인식할 수 있도록 표기해야 한다. 특히 '더보기' 클릭 등 추가적인 행위를 하지 않고도 곧바로 광고라는 사실을 확인할 수 있어야 한다. 그 밖에도 도움이 될 만한 내용이 많으니, 광고를 하고 있거나 할 계획이 있는 인플루언서라면 반드시 읽어보길 권한다.

만약 가이드라인을 따르지 않고 뒷광고를 한다면 부당한 표시·광고 행위에 해당할 수 있다. 이 경우 과징금은 물론이고 2년 이하의 징역 또는 1억 5,000만 원 이하의 벌금형에까지 처해질 수 있으니 유의하자.

표시·광고의 공정화에 관한 법률

제3조(부당한 표시·광고 행위의 금지)
① 사업자등은 소비자를 속이거나 소비자로 하여금 잘못 알게 할 우려가 있는 표시·광고 행위로서 공정한 거래질서를 해칠 우려가 있는 다음 각 호의 행위를 하거나 다른 사업자등으로 하여금 하게 하여서는 아니 된다.

제9조(과징금)
① 공정거래위원회는 제3조제1항을 위반하여 표시·광고 행위를 한 사업자등에 대하여는 대통령령으로 정하는 매출액(대통령령으로 정하는 사업자의 경우에는 영업수익을 말한다. 이하 같다)에 100분의 2를 곱한 금액을 초과하지 아니하는 범위에서 과징금을 부과할 수 있다. 다만, 그 위반행위를 한 자가 매출액이 없거나 매출액을 산정하기 곤란한 경우로서 대통령령으로 정하는 사업자등인 경우에는 5억 원을 초과하지 아니하는 범위에서 과징금을 부과할 수 있다.

제17조(벌칙)

다음 각 호의 어느 하나에 해당하는 자는 2년 이하의 징역 또는 1억 5천만 원 이하의 벌금에 처한다.

1. 제3조제1항을 위반하여 부당한 표시·광고 행위를 하거나 다른 사업자등으로 하여금 하게 한 사업자등

추천·보증 등에 관한 표시·광고 심사지침

Ⅰ. 목적

이 심사지침은 「표시·광고의 공정화에 관한 법률」(이하 "법"이라 한다) 제3조(부당한 표시·광고 행위의 금지) 및 같은 법 시행령 제3조(부당한 표시·광고의 내용)의 규정에 의한 부당한 표시·광고를 심사함에 있어서 추천·보증 등과 관련된 부당한 표시·광고에 관한 구체적 심사기준을 제시하는 데 그 목적이 있다.

(중략)

Ⅳ. 일반원칙

2. 광고주와 추천·보증인 사이의 경제적 이해관계를 공개하지 않았을 경우 부당한 표시·광고에 해당될 수 있다. 이 경우 추천·보증인이 상품을 실제 사용하고 추천·보증 등을 하는 것처럼 글을 작성하였는지 여부, 추천·보증의 내용, 보통의 소비자가 받아들이는 인상, 경제적 이해관계를 공개하지 않는 행위가 소비자의 구매선택에 미치는 영향의 정도 등을 종합적으로 고려하여 부당성을 판단한다.

라이브 방송 중 인신공격을 하는
시청자를 고소할 수 있나요?

"여러분, 안녕하세요. 오늘도 라방 시간이 돌아왔습니다. 아시죠?! 매주 월요일 저녁은 라이브 법률 상담 시간입니다!"

"월요일만 기다렸어요~~"

"변호사님, 변호사님! 오늘 저 상담해주세요!"

"저도요!"

"변호사가 매주 라방을 해? 능력이 없으니까 일이 없는 모양이네. 다들 믿지 마쇼~!"

"뭐야 저 사람!? 고소해버려요!"

팬이 가장 좋아하는 스타의 콘텐츠는 바로 라이브 콘텐츠다. 미리 녹화된 영상이나 사진이 아니라 지금 바로 실시간으로 제공하는 콘텐츠이기 때문에 스타와 같은 시간을 보내고 있다는 느낌을 받을 수 있기 때문이다. 특히 SNS를 통한 라이브 방송의 묘미는 채팅 기능이다. 스타에게 메시지를 보내고, 운이 좋으면 스타가 내 말에 반응까지 해주는 짜릿함은 팬에게는 엄청난 가치를 지닌다. 엄청난 구독자를 몰고 다니는 대형 인플루언서들은 라이브 방송을 통해 구독자와 유대감을 쌓으면서 구독자를 계속 유지하고 확대한다.

이처럼 인터넷 라이브 방송의 가장 큰 특징이자 기존 거대 일방향 방송과 다른 점 중 하나는 콘텐츠 제공자와 시청자가 실시간으로 소통할 수 있다는 것이다. 기존의 공중파 텔레비전 프로그램에서 시청자가 방송 출연진과 직접 소통하는 것은 불가능하거나 제한적으로만 이루어졌고, 그나마도 방송의 의도에 따라 계획된 소통이었다. 그러나 최근의 인터넷 방송은 사실상 시청자의 참여를 전제로 이루어진다. 유튜브, 아프리카 TV, 트위치 등 인터넷 방송 플랫폼에서 활동하는 BJ는 채팅창 등을 통해서 시청자와 실시간으로 교류할 수 있다. SNS에서 활동하는 대부분의 인플루언서도 SNS에서 제공하는 라이브 방송 기능을 이용하여 정기적으로 팬들과 소통한다.

시청자와 BJ의 활발한 상호작용은 방송 콘텐츠를 더욱 풍성하게 만들어주는 역할을 하기도 하지만, 악의적인 시청자의 비방과 욕설 등에 BJ가 무방비하게 노출된다는 단점도 가지고 있다. 인터넷 방송 시청자는 익명성에 기대어 비대면으로 의사를 전달할 수 있기에 이러한 단점이 더욱 두드러진다. 실제로 인터넷 방송을 모니터링해보면 많은 방송의 채팅창에서 비하적 표현, 욕설, 성희롱 등을 마주할 수 있다. 실제로 지속적인 비난과 악성 댓글에 시달리던 한 인터넷 방송 BJ가 극단적인 선택을 한 경우도 있다.

그렇다면 인터넷 방송에서 시청자의 인신공격이나 비방, (허위) 사실의 유포 등의 피해를 당했을 때 법적으로 어떻게 대응할 수 있을까?

온라인에서와 오프라인에서의 명예훼손은 차이가 있을까?

인터넷상의 가상 공간은 소통의 용이성과 익명성으로 인해 명예훼손이나 모욕이 발생하기 쉽다. 또한 거기서 발생하는 명예훼손 및 모욕은 그 파급력 또한 상당하므로 법령에서 별도의 조항이 마련되어 있다. 일명 '사이버 명예훼손'은 정보통신망법으로 처벌된다.*

• 정보통신망법 제70조(벌칙) ① 사람을 비방할 목적으로 정보통신망을 통하여 공연히 사실을 적시하여 타인의 명예를 훼손한 자는 3년 이하의 징역이나 금고 또는 2천만 원 이하의 벌금에 처한다. ② 사람을 비방할 목적으로 정보통신망을 통하여 공연히 허위의 사실을 적시하여 타인의 명예를 훼손한 자는 7년 이하의 징역, 10년 이하의 자격정지 또는 5천만 원 이하의 벌금에 처한다. ③ 제1항 및 제2항의 죄는 피해자의 명시한 의사에 반하여 공소를 제기할 수 없다. 형법 제307조(명예훼손) ① 공연히 사실을 적시하여 사람의 명예를 훼손한 자는 2년 이하의 징역이나 금고 또는 500만 원 이하의 벌금에 처한다. ② 공연히 허위의 사실을 적시하여 사람의 명예를 훼손한 자는 5년 이하의 징역, 10년 이하의 자격정지 또는 1천만 원 이하의 벌금에 처한다. 제311조(모욕) 공연히 사람을 모욕한 자는 1년 이하의 징역이나 금고 또는 200만 원 이하의 벌금에 처한다.

명예훼손죄에서 형법과 정보통신망법의 가장 중요한 차이는 처벌의 정도다. 허위 사실에 의한 명예훼손죄에 정보통신망법이 적용되면 최대 7년의 징역까지 가능하지만 형법을 적용하면 최대 5년의 징역형까지 처해질 수 있다.

또한 정보통신망법은 허위 사실에 의한 명예훼손죄를 적용할 때도 가해자가 '비방의 목적'을 가지고 있는 경우에만 처벌한다. 형법은 허위 사실로 인한 명예훼손죄에서 비방의 목적을 따로 요구하지 않는다. 이는 어떤 사람이 타인의 명예를 훼손하는 행동을 했을 때, 그를 비방할 목적을 가지고 있었던 경우에만 죄라고 본다는 뜻이다. 예를 들어 타인의 평판에 해가 될 수 있는 내용을 공개하는 것이지만 공공의 이익을 위해 공개하는 것이라면 비방의 목적은 없다고 볼 수 있다.

그래서 실무상으로 온라인에서 발생한 명예훼손 행위를 고소할 때는 정보통신망법을 먼저 적용하고, 만약 정보통신망법을 적용하기 어렵다면 형법상의 명예훼손죄로 처벌해달라는 순서로 진행하는 경우도 있다.

모욕죄는 온라인에서 이루어진 행위라고 해서 정보통신망법을 적용하진 않는다. 온라인이든 오프라인이든 동일하게 형법이 적용된다. 다만 보통 명예훼손 행위는 모욕 행위와 동시에 발생하는 경우가 많고, 가해자의 발언이 명예훼손인지 모욕인지 애매한 경우도 있어서 두 죄가 한 사건에서 동시에 다루어지는 경우가 많다.

정확히 어떤 경우에 명예훼손이나 모욕죄가 성립할까? 명예훼손이 되려면 ① 공연성, ② 특정성, ③ 비방의 목적을 충족해야 하고, ④ 사회적 평가를 저해할 만한 표현을 사용해야 한다. 모욕죄는 ① 공연성, ② 특정성, ③ 모욕적 언행을 해야 한다. 온라인상에서 특히 문제 될 수 있는 쟁점을 알아보자.

일대일 다이렉트 메시지는 공연성이 없으니 괜찮다?

공연성이란 불특정 다수에게 사실 또는 허위 사실을 알리거나 퍼뜨리는 것을 말한다. 공개된 장소에서 이루어진 행위는 당연히 공연성이 성립된다. 두 사람이 함께 있는 공간에서 싸우다가 명예훼손 또는 모욕적인 발언을 한 경우, 만일 주변에 다른 사람이 없었다면 공연성이 없지만, 공개된 장소라서 누구나 지나다니면서 두 사람의 언행을 목격할 수 있었다면 공연성이 인정된다.

소셜 네트워크 서비스의 다이렉트 메시지는 공연성이 없다고 생각할 수 있지만 그렇지 않다. 전파 가능성이 있는 경우에는 두 사람 간의 대화도 공연성을 인정하기 때문이다. 전파 가능성이란 여러 정황을 고려했을 때 두 사람만 대화를 했더라도 타인에게 쉽게 전파될 수 있는 경우를 말한다. 예를 들어 A

의 사회적 체면에 치명적인 영향을 줄 수 있는 이야기를 A의 어머니에게 했다고 해보자. 일반적으로 어머니는 A의 평판이 깎일 것을 우려하여 그 이야기를 타인에게 전하지 않을 가능성이 높을 것이다. 하지만 A와 평소 사이가 좋지 않던 동료라면 어떨까? 전파 가능성이 높다고 생각할 수 있다.

특히 정보통신망을 통해 이루어진 행위는 오프라인보다 전파 가능성이 높다고 보는 경향이 있다. 이메일, 문자, 카카오톡 등 데이터를 전송하는 여러 매체는 특정 발언을 한 기록이 계속 남으며 언제든 타인에게 쉽게 공개될 수 있기 때문이다.

더욱이 문제 될 발언을 한 시점에는 타인에게 전파되지 않았더라도 그로부터 얼마 지나지 않아 실제로 타인에게 전파된 일이 있다면 공연성은 더 쉽게 인정된다. 따라서 일대일 대화라고 안심하지 말고 주의하는 것이 좋다.

피해자의 이름을 쓰지 않으면 괜찮다?

온라인상에서 상대방을 특정하여 비아냥이나 인신공격을 하는 행위를 이른바 '저격글'이라고 한다. 명예훼손 또는 모욕죄가 걱정되기 때문인지 타인의 이름을 특정하지 않은 채 작성하는 경우가 많다. 하지만 게시한 글의 내용이나 이미지 등을 추론하면 금방 누군지 알 수 있는데, 이런 경우는 괜찮을까?

'특정성'은 피해자가 누군지 알아볼 수만 있으면 쉽게 인정된다. '저격글'은 내심 상대방이 알아주길 바라면서 쓰는 경우가 많아 특정성이 인정되기 어렵지 않다. 실제 담당했던 사건 중에는 온라인 쇼핑몰 운영자를 모욕하면서 해당 업체 소재지의 동만 언급했음에도 특정성이 인정되어 명예훼손죄로 처벌받은 사례가 있다.

많은 경우 온라인에서 '저격글'을 올리는 이유는 타인으로부터 공감을 얻고 공론화를 하고자 하기 때문이다. 이런 경우는 원 게시글에서 저격의 대상이 특정되지 않았더라도 댓글로 타인과 소통하는 과정에서 특정되는 경우가 있는데, 댓글은 원 게시글과 일체로 판단한다. 글을 작성한 사람이 알린 것이 아니더라도, 게시물을 본 사람이 댓글 등을 통해 상대방을 찾아내거나 다른 게시글로 해당 게시물을 언급하며 상대방을 특정할 때도 특정성이 인정되기도 한다. 온라인에서는 작은 단서만으로도 다른 많은 정보를 유추하여 상대방을 찾아내기가 매우 쉽기 때문에 생각보다 쉽게 특정된다는 점을 알아두도록 하자.

공익 목적이라는 말머리를 달면 괜찮다?

비방의 목적은 상대방에 대한 명확한 음해의 목적을 가지고 범행하는 것을 말한다. 법령 문구에서 알 수 있듯이 비방의 목적이 있다면 사실을 발설한 경우에도 처벌받을 수 있고, 만일 허위인 경우라면 처벌의 강도가 가중된다.

비방의 목적이 부정되는 대표적인 경우는 공익을 위한 경우이다. 공익을 위해서 어쩔 수 없이 타인의 명예를 훼손한 경우는 처벌하지 않는 것이다. 그래서인지 많은 사람들이 타인의 사회적 위신이 침해될 수 있는 글을 쓰면서 말머리에 공익을 위해 작성한 것이라고 덧붙이곤 한다.

공익의 목적은 단순히 내가 주장한다고 받아들여지는 요건이 아니다. 글의 전체적인 맥락과 글을 작성하게 된 경위 등 제반 사항을 모두 고려해서 실제로 공익이라고 볼 수 있을지 여부를 중립적인 입장에서 판단하기 때문이다.

만약 공익을 위해 위험을 감수하고 특정 사실을 알리고 싶다면, 공연성 요건과 함께 주의할 것이 있다. 그 공공의 이익을 받는 대상이 누구인지 확정하고, 그 범위 안에서만 사실을 공개하는 것이다. 아무리 공익을 위한 목적이라 하더라도 내가 작성한 글 등을 보게 되는 사람이 불특정 다수이고, 그 공공의 이익이라는 혜택을 받을 일이 많지 않은 경우라면 의도가 의심받을 수 있다. 특히 발설한 사실이 타인의 명예를 훼손하는 정도가 크다면 문제 될 수 있다.

실제 사건 중에서 다수에게 명예훼손적 발언을 하였으나 공공의 이익이 인정된 경우는 이런 경우이다. 성평등에 관심 있는 사람들이 모여 관련 활동을 하는 동아리 안에서 연인이었던 사람 간에 성범죄가 발생하였고, 같은 동아리 안에서 동일한 피해가 또 발생했다. 이를 알게 된 피해자가 추가 피해를 막기 위해 알리는 이른바 '미투'를 했다. 이와 같은 사안에 이것을 알린 공간적 범위가 동아리 안으로 제한되었기 때문에 이 경우는 공공의 이익이 인정되어 처벌받지 않았다.

구체적인 발언을 하지 않고
몸짓만 하면 괜찮다?

모욕적 발언은 사회적 평가를 저해할 수 있는 감정이나 추상적 생각을 표현해야 성립한다. 증거를 통해 사실과 허위 사실을 판단할 수 있는 것이 명예훼손적인 표현이라면, 모욕죄는 증거로 사실 여부를 판단할 수 없는 경우에 해당된다. 예를 들면 욕설 또는 성희롱은 증거를 통해 모욕적인 내용이 실제 사실인지 따져볼 수 없기 때문에 모욕죄에 해당한다.

　판례에 따르면 모욕의 수단과 방법에는 제한이 없다. 따라서 말이나 글로 하지 않고 비언어적·시각적 수단만을 사용하여 표현하더라도 그것이 사람의 사회적 평가를 저하시킬 만한 추상적 판단이나 경멸적 감정을 전달하는 것이라면 모욕죄가 성립한다.[·]

　사람 얼굴에 개를 합성한 유튜버를 모욕죄로 고소한 사례가 있다. 법원에서는 이러한 행위도 그 정도가 모욕에 해당된다면 모욕죄로 처벌할 수 있다고 하면서도, "영상의 전체적인 내용을 살펴볼 때, 상대방에 대한 부정적인 감정을 다소 해학적으로 표현하려 한 것에 불과"하다고 볼 수 있고, 따라서 상대방의 "인격적 가치에 대한 사회적 평가를 저하시킬 만한 모욕적 표현"은 아니라고 판단하였다.

해외 서버는 처벌할 수 없다는데?

피해자가 실제로 고소까지 진행하기가 쉽지 않은 이유는 현실적인 어려움이 크다. 가장 대표적인 경우가 해외에 서버를 두고 있는 플랫폼에서 발생한 경우다. 고소를 하려면 가해자의 인적사항을 알아야 한다. 누군지 알아야 처벌을 할 수 있으니 말이다.

보통 인터넷상에서 벌어진 사건의 경우 수사기관이 IP를 추적하여 가해자의 인적사항을 알아낸다. 국내 포털에서 발생한 범죄라면 국내 기업이 가입자 데이터를 보유하고 있을 것인데, 수사기관이 영장으로 해당 정보를 요청하면 기업은 수사기관에 정보를 내주어야 한다. 그러나 현실적으로 해외에 소재한 기업을 상대로 위와 같은 절차를 밟기는 어렵다. 매우 중대한

• 대법원 2023. 2. 2. 선고 2022도4719 판결.

범죄가 아닌 이상 해외 기업을 대상으로 영장을 발부하고 자료를 요구하는 것이 어렵기 때문이다.

현실이 이런 탓에 가해자들이 가계정을 이용하여 마음 놓고 범행을 저지르곤 한다. 실제로 가해자를 발견하지 못해 수사가 종료되는 경우가 많다. 하지만 다른 정보를 유추하여 가해자를 찾는 경우도 있으니 이런 한계를 틈타 범행을 저지를 생각은 하지도 말자.

자영업자가 알아야 할
최소한의 법률 상식

요식업을 운영하는 B 사장은 요즘 스트레스로 잠을 못 이루고 있다. 최근 고용한 아르바이트 직원 때문이다. 몇 달 전 일손이 필요했던 B 사장은 구인공고를 냈다. 며칠 뒤 남자 학생 한 명이 적극적으로 구직하기에 바로 채용했지만 그것이 악몽의 시작이었다. 서빙을 시키면 쟁반에 올린 음식이 무거워서 못 들겠다 하고, 청소를 시키면 더러워서 못 하겠다며 손사래를 치는 것이다. 그래서 몸이 힘들지 않은 업무인 배달 요청을 확인하는 업무를 지시했는데, 가게로 접수된 주문 건을 자기 마음대로 취소 처리하는 것이 아닌가?! 도저히 참을 수 없던 B 사장은 아르바이트 직원을 불러 해고할 테니 당장 나가라고 했다. 그러자 아르바이트 직원은 당당하게 "이런 식으로 해고하는 것은 부당해고다. 합의금을 주지 않으면 노동청에 신고하겠다"고 말하는 것이 아닌가?

이 이야기는 텔레비전 프로그램 〈궁금한 이야기 Y〉에도 방송된 실화를 약간 각색한 것이다. 일부러 해고를 유도하며 합의금을 받고 다니는 그의 나이는 겨우 18세. 4개월 동안 10번의 해고를 당하며 합의금으로만 수백만 원씩 받았다.*

어떻게 이런 일이 가능한 걸까? 아르바이트 직원을 고용할 때 짧은 기간만 일하고 비교적 간단한 업무를 맡기기 때문에 가볍게 생각하고 필요한 절차를 지키지 않는 경우가 많기 때문이다. 하지만 노동법 관련 규정은 아주 간단한 규정이라도 놓치면 손해배상을 해야 하거나, 형사처벌까지 받을 수 있는 경우가 많다. 사례의 아르바이트 직원은 이를 악용하여 위반 사항을 신고하지 않는 대신 합의금을 요구한 것이다.

이런 피해를 예방하려면 내가 미리 공부하고 예방하는 수밖에 없다. 많은 사업주가 아르바이트를 고용할 때 대수롭지 않게 생각하고 지나칠 수 있는 핵심 쟁점을 뽑아보았으니 숙지하자.

미리 준비해야 할 근로계약서

여기서 아르바이트는 정규직보다 짧은 시간 근무하는 것으로 전제한다. 단기간 단순한 업무를 맡아줄 사람을 고용할 때, 어차피 정직원을 뽑는 것도 아니니 대충 일 처리를 해도 괜찮다고 생각하는 경우가 종종 있다. 근로계약서를 정식으로 작성하는 것이 과하다고 여겨지기도 하고 말이다. 하지만 아무리 단기

• <궁금한 이야기 Y> 617회 "법.잘.알 18세 아르바이트생 그는 왜 해고를 기다리나"

간 일하는 근로자를 고용한다 하더라도 근로계약서를 작성해야 한다. 작성만 할 것이 아니라 해당 직원에게 한 부 교부까지 해야 한다. 만약 이를 어긴다면 최대 500만 원의 과태료가 부과될 수 있다.

단순히 과태료 문제가 아니더라도 근로계약서를 작성해두는 것은 생각보다 매우 중요하다. 언제부터 언제까지 일하기로 했는지, 보수는 얼마였는지, 담당하는 업무는 무엇인지 등에 관한 아주 기초적이고 명확한 증거물이 되기 때문이다. 면접을 볼 때나 평소에 아르바이트 직원에게 중요한 사항에 대해 아무리 잘 이야기했더라도 일단 분쟁이 시작되면 아무 소용이 없다.

그렇다면 근로계약서는 어떻게 작성해야 하는 것일까? 이는 고용하려는 아르바이트 직원이 몇 시간 근무하는지에 따라 달라진다.

몇 시간 일하는 사람을 뽑아야 좋을까?

정직원보다 짧게 일하는 아르바이트 직원, 일한 만큼만 급여를 주면 되는 것 아닐까? 아르바이트 시간에 따라 유리하고 불리한 게 있을까? 결론부터 말하자면 그렇다. 사장 입장에서는 초단시간 근로자를 고용하는 것이 유리하다고 할 수 있다.

초단시간 근로자란 '일주일 근로 시간이 15시간 미만인 근로자'를 말한다. 근로기준법은 정규직 직원보다 짧은 시간 일하는 근로자를 단시간 근로자라고 하고, 단시간 근로자를 다시 주당 근로 시간 15시간을 기준으로 나눈다. 주 15시간보다 적게 일한다면 초단시간 근로자이고, 15시간 이상 근로하면 단시간 근로자라고 한다.

초단시간 근로자를 고용하는 것이 유리한 이유는 무엇일까? 초단시간 근로자를 고용하는 경우에는 4대보험 가입 등 의무 사항이 일부 면제되기 때문이다. 그렇다면 근로계약서 작성 시 단시간 근로자와 초단시간 근로자의 차이점을 확인해보자.

근로계약서에 꼭 넣어야 하는 내용

근로기준법에서는 근로계약서에 반드시 넣어야 하는 내용을 정하고 있다. 근로기준법 제17조 각호 사항으로, 아래의 내용을 위주로 계약서를 작성하면 된다. 특히 사장에게 중요한 쟁점은 아무래도 급여가 어떻게 구성되고, 얼마를 지급해야 하는지일 것이다. 단순히 시간당 최저임금보다 높은 금액을 주면 끝나는 것이 아니다. 보험도 가입해야 하고, 유급휴일을 보장해야 하는 경우도 있다.*

1. 주휴일(유급휴일)

주휴일은 1주 동안 개근하면 1회의 유급휴일을 보장받는 것이다. 즉 하루 일당을 추가로 지급해 직원이 임금을 받고 쉴 수 있도록 하는 제도인데, 일단 출근을 했다면 지각이나 조퇴를 했더라도 개근한 것으로 보고, 유급휴일을 사용한 경우에도 출근한 것으로 한다.

초단시간 근로자의 경우, 주휴일(유급휴일)과 연차유급휴가가 보장되지 않기 때문에 개근과 상관없이 주휴일이 부여되지 않는다.

2. 연차 유급휴가

연차 유급휴가란 휴일과 별개로 유급으로 쉬는 날이다. 입사 후 1년까지는 1개월 개근 시 1일의 유급휴가가 발생하고, 입사 후 1년이 되는 때부터는 1년간 80% 이상 출근했을 때 15일의 유급휴가가 발생한다. 단시간 근로자에게도 연차 유급휴가가 부여되지만 근무한 시간 비율에 따라 시간 단위로 정해진다. 초단시간 근로자는 연차 유급휴가가 부여되지 않는다.

- 제17조(근로조건의 서면명시) 사용자는 기간제근로자 또는 단시간근로자와 근로계약을 체결하는 때에는 다음 각 호의 모든 사항을 서면으로 명시하여야 한다. 다만, 제6호는 단시간근로자에 한정한다. 1. 근로계약기간에 관한 사항. 2. 근로 시간·휴게에 관한 사항. 3. 임금의 구성항목·계산방법 및 지불방법에 관한 사항. 4. 휴일·휴가에 관한 사항. 5. 취업의 장소와 종사하여야 할 업무에 관한 사항. 6. 근로일 및 근로일별 근로 시간.

3. 4대보험

근로자를 고용했다면 4대보험(고용보험, 산재보험, 건강보험, 국민연금)은 의무적으로 가입해야 한다. 가입하지 않았다가 적발되면 밀린 보험료를 납부해야 할 뿐만 아니라 과태료도 부과된다. 그러나 초단시간 근로자를 고용했다면 산재보험만 필수 가입 사항이고, 건강보험은 가입하지 않아도 된다. 나머지 국민연금과 고용보험은 초단시간 근로자가 3개월 이상 계속 근무한다면 가입 의무가 있다.

4. 퇴직금

퇴직금은 1년 이상 일한 모든 근로자의 근속연수 1년에 대해 퇴직 시 30일분 이상의 평균 임금을 지급하는 제도를 말한다. 4주 기준 평균 근로 시간이 1주 15시간 이상일 경우라면 아르바이트 직원에게도 퇴직금을 지급해야 한다. 퇴직금은 퇴직한 날로부터 14일 이내에 지급해야 한다는 점도 참고하자.

사실 아르바이트를 처음 고용하는 사장님, 마찬가지로 처음 아르바이트 계약을 하는 근로자에게 위와 같은 근로계약의 요건은 생소하고 어렵다. 이럴 땐 근로계약 도와주는 서비스들을 활용해보는 것은 어떨까? 아르바이트 구인구직 플랫폼인 알바몬은 사업자와 근로자가 모두 사용할 수 있는 표준 근로계약서 양식을 제공하고 있으며, 핀테크 플랫폼 토스뱅크도 '쉬운 근로계약서' 서비스를 제공한다. 두 서비스 모두 쉽고 상세하게 설명하고 있으며, 계약서 형식도 잘 구비되어 있다.

주휴수당 청구하지 않을 테니
1시간씩 더 일하게 해달라고 한다면?

유튜브 채널 너덜트의 '탕후루 파트타이머'는 3시간씩 다른 아르바이트를 해야 하는 파트타임 직원들의 애환을 코믹하게, 하지만 마냥 웃지만은 못하게 그려내면서 많은 공감을 받고 있다. 2024년 12월 기준으로 조회수가 485만 회를 넘어섰다. 작중에서 아르바이트 직원들은 3시간씩 다른 일을 전전하고, 사장은 주휴수당을 못 주는 사장이라 미안하다며 사과를 한다.

초단기간 아르바이트가 성행하는 이유는 경기 불황과 최저임금 인상 등으로 인해 많은 자영업자들이 아르바이트 직원에게 주휴수당 등을 보장하기 어려워지면서 생긴 것으로 이른바 '쪼개기 알바'라고 불리기도 한다. 초단시간 근로자는 주휴수당뿐만 아니라 퇴직금·연차휴가·4대보험의 의무 대상이 아니기 때문에 근로기준법에 의한 법적 보호의 사각지대에 있다.

그렇다 보니 사장과 아르바이트 직원 간의 은밀한 합의가 이루어지기도 한다. 아르바이트 직원이 주당 15시간을 초과하여 근무하더라도 주휴수당 등을 청구하지 않겠다고 구두 혹은 서면으로 약속을 하는 것이다. 1시간이라도 더 일해서 돈을 벌고 싶은 직원과 주휴수당을 지급할 부담을 덜고 싶은 사장의 니즈가 맞아떨어진 편법이다.

이처럼 사장과 아르바이트 직원이 서로 마음이 맞아 주휴수당 등을 청구하지 않겠다고 합의서를 작성하면 그건 유효할까? 그렇지 않다. 이러한 합의는 근로기준법을 위반한 것이어서 효력이 없다. 따라서 언제든 직원이 마음을 바꿔먹고 주휴수당을 청구하겠다고 나서면 사장은 합의서의 효력을 주장할 수 없다. 사장 입장에서는 할 이유가 없는 합의인 셈이다.

청소년을 고용하고 싶다면?

청소년은 고용 시장에서도 조금 더 보호받아야 할 존재이기 때문에 다른 기준이 적용된다. 우선 청소년은 만 15세가 되지 않으면 고용할 수 없고, 만 18세 미만이라면 친권자 동의서와 가족관계증명서가 있어야 한다. 당연한 말이지만, 청소년에게도 성인과 동일한 수준의 최저임금을 보장해주어야 하며, 하루 최대 7시간, 주 35시간을 초과하여 근무하게 할 수 없고, 22시 이후의 야간 근무도 금지된다. 이러한 까다로운 조건을 모두 갖추더라도 청소년이 절대 근로할 수 없는 업종이 있다. 이런 업종의 사업주라면 청소년은 절대 고용해서는 안 된다.

청소년 고용이 금지되는 업종

근로기준법 시행령 [별표 4]

1. 「건설기계관리법」, 「도로교통법」 등에서 18세 미만인 자에 대하여 운전·조종면허 취득을 제한하고 있는 직종 또는 업종의 운전·조종업무

2. 「청소년 보호법」 등 다른 법률에서 18세 미만인 청소년의 고용이나 출입을 금지하고 있는 직종이나 업종

3. 교도소 또는 정신병원에서의 업무

4. 소각 또는 도살의 업무

5. 유류를 취급하는 업무(주유업무는 제외한다)

6. 2-브로모프로판을 취급하거나 2-브로모프로판에 노출될 수 있는 업무

7. 18세 미만인 자의 안전 및 보건과 밀접한 관련이 있는 업무로서 고용노동부령으로 정하는 업무

8. 그 밖에 고용노동부장관이 산업재해보상보험및예방심의위원회의 심의를 거쳐 지정하여 고시하는 업무

청소년 보호법

제2조(정의) 이 법에서 사용하는 용어의 뜻은 다음과 같다.

5. "청소년유해업소"란 청소년의 출입과 고용이 청소년에게 유해한 것으로 인정되는 다음 가목의 업소(이하 "청소년 출입·고용금지업소"라 한다)와 청소년의 출입은 가능하나 고용이 청소년에게 유해한 것으로 인정되는 다음 나목의 업소(이하 "청소년고용금지업소"라 한다)를 말한다. 이 경우 업소의 구분은 그 업소가 영업을 할 때 다른 법령에 따라 요구되는 허가·인가·등록·신고 등의 여부와 관계없이 실제로 이루어지고 있는 영업행위를 기준으로 한다.

가. 청소년 출입·고용금지업소
1) 「게임산업진흥에 관한 법률」에 따른 일반게임제공업 및 복합유통게임제공업 중 대통령령으로 정하는 것
2) 「사행행위 등 규제 및 처벌 특례법」에 따른 사행행위영업
3) 「식품위생법」에 따른 식품접객업 중 대통령령으로 정하는 것
4) 「영화 및 비디오물의 진흥에 관한 법률」 제2조제16호에 따른 비디오물감상실업·제한관람가비디오물소극장업 및 복합영상물제공업
5) 「음악산업진흥에 관한 법률」에 따른 노래연습장업 중 대통령령으로 정하는 것
6) 「체육시설의 설치·이용에 관한 법률」에 따른 무도학원업 및 무도장업
7) 전기통신설비를 갖추고 불특정한 사람들 사이의 음성대화 또는 화상대화를 매개하는 것을 주된 목적으로 하는 영업. 다만, 「전기통신사업법」 등 다른 법률에 따라 통신을 매개하는 영업은 제외한다.
8) 불특정한 사람 사이의 신체적인 접촉 또는 은밀한 부분의 노출 등

성적 행위가 이루어지거나 이와 유사한 행위가 이루어질 우려가 있는
서비스를 제공하는 영업으로서 청소년보호위원회가 결정하고 여성가
족부장관이 고시한 것

9) 청소년유해매체물 및 청소년유해약물등을 제작·생산·유통하는 영
업 등 청소년의 출입과 고용이 청소년에게 유해하다고 인정되는 영업
으로서 대통령령으로 정하는 기준에 따라 청소년보호위원회가 결정하
고 여성가족부장관이 고시한 것

10) 「한국마사회법」 제6조제2항에 따른 장외발매소

11) 「경륜·경정법」 제9조제2항에 따른 장외매장

나. 청소년고용금지업소

1) 「게임산업진흥에 관한 법률」에 따른 청소년게임제공업 및 인터넷컴
퓨터게임시설제공업

2) 「공중위생관리법」에 따른 숙박업, 목욕장업, 이용업 중 대통령령으
로 정하는 것

3) 「식품위생법」에 따른 식품접객업 중 대통령령으로 정하는 것

4) 「영화 및 비디오물의 진흥에 관한 법률」에 따른 비디오물소극장업

5) 「화학물질관리법」에 따른 유해화학물질 영업. 다만, 유해화학물질
사용과 직접 관련이 없는 영업으로서 대통령령으로 정하는 영업은 제
외한다.

6) 회비 등을 받거나 유료로 만화를 빌려주는 만화대여업

7) 청소년유해매체물 및 청소년유해약물등을 제작·생산·유통하는 영
업 등 청소년의 고용이 청소년에게 유해하다고 인정되는 영업으로서
대통령령으로 정하는 기준에 따라 청소년보호위원회가 결정하고 여성
가족부장관이 고시한 것

아르바이트 직원 채용에 필요한 것들을 다 준비했다면 끝일까? 채용 후 이별까지 조심할 것이 남아 있다. 앞선 사례와 같이 부당해고를 주장하며 합의금을 요구하는 이른바 '알바 빌런'은 어떻게 미리 조심할 수 있을까?

부당해고가 되지 않으려면?

쟁반에 올린 음식이 무거워서 서빙을 못 하겠고, 청소는 더러워서 못 하겠다는 아르바이트 직원을 해고하면 부당한 해고일까? 상식적으로 생각해도 정당한 해고라는 생각이 들 것이다. 그런데 사장이 꼭 알아야 할 것이 있다. 모든 법정 싸움의 핵심은 증거라는 사실이다. 아르바이트 직원이 불성실하게 일한 것이 사실이라고 하더라도 아르바이트 직원이 자신은 열심히 최선을 다했다고 반박한다면 그때부터는 증거 싸움이 된다.

따라서 직원의 근태가 엉망이라는 생각이 든다면, 업무 평가를 기록하여야 한다. 이메일, 문자 메시지 등을 활용하여 구체적으로 어떤 업무를 불성실하게 수행했는지 기록하고, 직원에게도 개선할 것을 요구하자.

한동안 근무 태도와 성과를 지켜보며 일을 가르쳤지만 개선되지 않아 결국 해고를 결심했다면 반드시 해고하려는 날로부터 30일 전에 서면으로 해고를 통지해야 한다. 만약 30일까지

기다릴 수 없다면 30일분의 통상임금을 지급해야 한다. 이것을 해고예고수당이라고 한다. 해고를 통지할 서면에는 해고 사유와 해고 시기를 적어야 하는데, 해고 사유는 위와 같이 기록으로 남겨둔 내용을 토대로 작성하면 충분하다.

단, 해고와 관련해서 예외 사항에 해당하지 않는지 꼭 확인하자. 5인 미만 사업장을 운영하고 있다면 해고에 정당한 사유가 필요하지 않고, 서면으로 해고를 통지하지 않아도 된다(다만, 기간제근로자는 민법 제661조에 따라 해고무효확인소송을 할 수 있다. 하지만 실무상으로 많이 활용되진 않는다). 그리고 근로자가 계속근로 기간이 3개월 미만이라면 해고예고수당을 주지 않아도 된다.

마음대로 주문을 취소해
손해를 끼친 직원은 어떻게 할까?

가게로 들어온 주문을 특별한 사정없이 지속적으로 취소하는 행동은 형사 범죄가 될 수 있다. 배달앱 주문을 몰래 취소하는 방법으로 사장을 속여 업무를 방해한 것이 될 수 있기 때문이다. 이 경우에는 형사처벌만이 아니라 손해액에 대해서 손해배상 청구까지 가능하다. 취소한 주문 금액의 합계액은 금전적 손해가 될 수 있고, 위와 같은 행위가 지속되어 고객들로부터 부정적인 평가를 받거나, 이것이 배달앱 등에 남는 등으로 비재산상 손해가 발생했다면 이 부분을 위자료로 청구하는 방법도 생각해볼 수 있다.*

중요한 것은 증거를 수집하는 것이다. CCTV 화면을 확보하거나, 배달앱 주문 관리 담당자가 해당 직원 한 명뿐이라거나, 다른 사람은 취소할 수 없는 사정이 있다는 등의 여러 증거를 취합해두는 것을 추천한다. 가장 좋은 증거는 CCTV 화면에 취소하는 모습이 잡히는 것이다. 형사 사건은 주변 정황이 아무리 확실해 보이더라도 직접적인 증거가 없으면 기소되지 않는 경우가 많기 때문이다.

슬기롭고 철저한 고용자가 되려면

5인 미만 사업장이라면 정당한 사유 없이도 해고할 수 있고 서면 통지도 필요없으니 부당해고가 되지 않을 것이다. 또한 아르바이트 직원이 3개월 이상 근무한 것이 아니라면 해고예고수당

• 형법 제314조(업무방해) ① 제313조의 방법* 또는 위력으로써 사람의 업무를 방해한 자는 5년 이하의 징역 또는 1천500만 원 이하의 벌금에 처한다. ② 컴퓨터 등 정보처리장치 또는 전자기록 등 특수매체기록을 손괴하거나 정보처리장치에 허위의 정보 또는 부정한 명령을 입력하거나 기타 방법으로 정보처리에 장애를 발생하게 하여 사람의 업무를 방해한 자도 제1항의 형과 같다. *제313조의 방법이란 "허위의 사실을 유포하거나 기타 위계"의 방법을 말한다.

을 줄 필요도 없으니, 아르바이트 직원의 말과 달리 합의금 요구에 넘어갈 필요가 없을 것이다.

더욱이 B 사장이 철저하게 증거 확보만 했다면 합의금은 B 사장이 아닌 아르바이트 직원이 물어줘야 할 것이다. 명백하게 형사처벌까지 받을 수 있는 행동이기 때문이다.

어떤가? 아무것도 준비되지 않았을 때는 터무니없이 영업방해를 받고, 심지어 합의금까지 물어줘야 했다. 반대로 미리 준비해두고, 조금의 지식만 알고 있었다면 법의 심판을 받게 할 수 있다. '겨우 단기 아르바이트 고용하는데, 설마 무슨 문제가 있겠냐'며 안일하게 생각하는 대가는 생각보다 큰 법이다. 미리 조심해서 똑똑하게 영업하자.

아르바이트 직원이 알아야 할
최소한의 법률 상식

대학생 K 씨는 올해 수강 신청을 완전히 실패했다. 강의와 강의 사이에 비어 있는 공강 시간이 하루에 4시간을 넘길 정도로 시간표가 잘못 짜였기 때문이다. 고민하던 K 씨는 이번 학기에 공강 시간을 활용해서 아르바이트를 하기로 했다. 그런데 원하는 일자리를 구하기가 생각보다 너무 어려웠다. 편의점 면접을 갔더니 점주가 근로계약서는 일반적인 양식으로 쓰지만, 실제로는 하루에 2시간씩만 근무할 사람을 찾는다고 했다.

음식점 면접을 갔더니 시험 기간에는 쉬고 오라며 일단 3개월짜리 근로계약서를 작성하고 시험 기간이 끝나면 새로 쓰자고 한다. K 씨가 처음 두세 곳에 면접을 봤을 때는 이상하다고 생각하지 못했지만, 가는 곳마다 같은 말을 반복하니 뭔가 수상하다는 느낌을 지울 수 없다. K 씨는 이 계약을 해야 하는 걸까?

아르바이트 직원을 울리는 꺾기 관행

하루에 2시간씩, 일주일에 10시간만 근무할 직원을 뽑는 이유가 뭘까? 물론 바쁜 시간대에만 짧게 근무할 사람을 뽑는 초단기 고용계약을 체결하는 경우도 있지만 법망을 피해 교묘하게 이득을 보려는 경우도 있다. 수상해 보이지만 뭐가 문제인지 모르겠다면, 이른바 '알바 꺾기'에 해당하는 건 아닌지 확인해 보자.

'알바 꺾기'란 근로 시간 중에 근로자의 사정과 무관하게 사업주가 근로자를 갑작스럽게 자택에 대기하게 하거나, 예정에 없었던 휴식 시간을 부여함으로써 더 짧은 시간을 근무하게 하는 것을 말한다. 예를 들어 하루에 5시간을 근무하기로 계약해놓고 2시간만 일하게 한 뒤 일이 없다는 이유로 집에 돌아가라고 하는 것이다.

이는 아르바이트 직원이 2시간만 근무한 것으로 처리하여, 2시간 분의 시급만 지급하면 되는 것이라 생각하기 때문이다. 아르바이트 직원이 원한 것은 아니었지만 실제로 근무한 시간이 적고 그만큼 돈을 받았으니 아르바이트 직원 입장에서는 딱히 항의하기도 어렵다. 결국 울며 겨자 먹기로 당초 기대한 급여보다 적은 급여를 수령한다. 일한 만큼 받는 것, 맞는 말인 것 같은데 어딘가 찝찝하다. 법적으로 가능한 일일까?

위와 같은 경우는 사업주의 사정으로 인한 일시적 휴업에 해당하는데, 근로기준법에 따르면 사업주 때문에 휴업을 하게 된 경우에는 일하지 않았더라도 평균 임금의 70%에 해당하는 급여를 휴업수당으로 지급해야 한다.°

만약 취업규칙이나 근로계약서에 "사업주의 사정으로 일시적으로 휴업할 경우, 평균임금의 2분의 1에 해당하는 휴업수당을 지급한다"고 써 있으면 어떨까? 근로기준법 제46조보다 불리하게 작성한 취업규칙이나 계약서는 효력이 없다. 따라서 당당하게 70%의 휴업수당을 요구하자.

근로계약을 몇 달씩 쪼개서
체결하려는 이유는?

실제로 단기간 근로할 사람을 채용하는 경우도 많다. 예를 들어 어떤 매장이 3개월 동안 특별 프로모션을 실시하면서 그 행사를 위해서만 짧게 근무할 사람을 뽑는 경우가 있는데, 이런 계약은 당연히 적법하다. 문제는 실제로 장기간 계속 근로하는 것

• 근로기준법 제46조(휴업수당) ① 사용자의 귀책사유로 휴업하는 경우에 사용자는 휴업기간 동안 그 근로자에게 평균임금의 100분의 70 이상의 수당을 지급하여야 한다. 다만, 평균임금의 100분의 70에 해당하는 금액이 통상임금을 초과하는 경우에는 통상임금을 휴업수당으로 지급할 수 있다. ② 제1항에도 불구하고 부득이한 사유로 사업을 계속하는 것이 불가능하여 노동위원회의 승인을 받은 경우에는 제1항의 기준에 못 미치는 휴업수당을 지급할 수 있다.

이면서도 여러 이유를 들어 수개월 단위로 계약서를 나누어 작성하는 경우이다. 또는 장기간 계속 근로하려고 했는데, 중간에 근무를 쉬도록 유도하면서 계약서를 나누어 작성할 때도 있다. 아르바이트 직원을 위해 방학처럼 쉬는 기간을 주는 좋은 제안일까? 그렇지 않다.

실제로 장기간 계속 근로할 것임에도 수개월씩 근로계약 자체를 쪼개서 계약하자고 제안하는 것은 퇴직금과 관련이 있다. 흔히 1년 이상 근로하면 퇴직금이 발생한다고만 생각하는데, 중요한 것은 '계속' 근로해야 한다는 점이다. 6개월 일했다가 1개월 쉬고, 다시 6개월 근로를 하면 1년간 계속 근로한 것이 아니어서 퇴직금이 발생하지 않는다.

다만 계속근로 여부를 판단할 때, 형식적으로 퇴사와 입사 절차를 밟고 계약서를 쪼개서 작성했다고 해서 계속근로가 아니라고 보진 않는다. 계속근로연수에 관한 행정해석과 판례를 살펴보면, 실제로 근무한 여러 사정을 보아 "사실상 근로관계가 중단되지 않았다"고 인정될 수 있다면 계약서를 나누어 작성했다고 하더라도 근로 기간을 연속된 것으로 판단한다.

그렇다고 해서 안심하지는 말자. 근로계약이 연속적인지 아닌지를 다투게 된다면 결국 증거 싸움이 될 텐데, 이것을 증명하여 소송에서 이기고 퇴직금까지 지급받으려면 길고 험난한 시간을 견뎌야 하기 때문이다.

퇴직금 산정을 위한 계속근로연수에 대한 행정해석 및 판례

임의적·형식적인 퇴직 및 신규입사절차를 받았다 하더라도 사실상 계속근로가 인정된다면 계속근로연수는 최초입사일부터 계산하여야 한다.(1988.01.30, 근기 01254-1455)

【회 시】 1. 근로자가 동일 사업장에서 근무하면서 직종이 변경될 때 사용자가 임의적으로 형식적인 퇴직 및 신규입사 절차를 받았다 하더라도 사실상 계속근로가 인정된다면 계속근로연수는 최초입사일부터 계산되어야 하며, 직종변경에 따라 달라지는 근속가산급의 지급에 대하여는 취업규칙이나 단체협약 등의 규정에 따라야 함.

2. 퇴직금 중간청산문제에 있어서는 중간퇴직금 수령이 근로자의 자유의사에 의하여 퇴직절차를 밟은 후 퇴직금을 수령하고 재입사하였다면 근속연수는 재입사일로부터 계산하여야 함.

재입사하는 경우 종전 근로계약의 종료와 신규 근로계약의 체결이 명백히 구분되고 종전 근로의 제공과 새로운 근로의 제공 사이에 기간의 단절이 있는 경우 계속근로로 인정되지 않는다.(1980.09.18, 법무 811-24467)

【회 시】 근로자가 사실상 근로를 계속하면서 소속회사의 업무처리상 근로자의 자유의사에 반하여 퇴직절차를 밟게 하고 퇴직금을 지급한 후 재입사 형식을 취한 경우에는 기존 근로관계가 종료되고 새로운 고용관계가 성립된 것으로 보지 않으므로 퇴직시에는 최초 입사일로부터 근속연한을 계산하여 퇴직금을 계산한 후 기지급된 퇴직금을 공제

한 금액을 사용자는 지급하여야 하며, 기지급된 퇴직금에 대한 법정이 자에 대하여는 노사간 민사사항으로서 근로기준법에서는 규정한 것이 없음. 그러나 근로자가 자유의사에 의하여 사직원을 제출하고 사용자 가 이를 수리, 퇴직금을 지급하였으며, 또한 퇴직한 근로자가 퇴직 전 사업장의 사용자와 새로 근로계약을 체결하고 재입사하는 경우 종전 근로계약의 종료와 신규 근로계약의 체결이 명백히 구분되고 종전근 로의 제공과 새로운 근로의 제공 사이에 기간의 단절이 있는 경우에는 계속근로로 인정되지 않음.

퇴직절차를 취하고 재입사 형식을 취하였다 하더라도 계속근로가 인 정되는 한 당초 입사시부터 근속연수를 계산 퇴직금을 지급하여야 한 다.(1980.08.07, 법무 811-19804)

【회 시】 근로자가 사실상 근로를 계속하면서 퇴직절차를 취하고 퇴직 금을 수령후 재입사 형식을 취하였다 하더라도 근로기준법 제28조에 서는 사용자는 계속근로연수 1년에 대하여 30일분 이상의 평균임금을 퇴직하는 근로자에게 지급하여야 하므로 계속근로가 인정되는 한 당 초 입사시부터 근속연수를 계산, 퇴직금을 지급하여야 하며, 다만 기지 급된 퇴직금은 공제할 수 있으며 퇴직금 청구권의 소멸시효는 최종 퇴 직시로부터 3년임.

근무 시간을 주당 15시간 미만으로
설정하려는 이유는?

주당 근로 시간이 15시간 미만이면 초단시간 근로자가 된다. 초단시간 근로자는 유급휴일인 주휴일과 연차휴가가 보장되지 않는다. 주휴일이란 일주일 동안 근무일 전체 개근을 하면 하루는 유급으로 쉴 수 있는 법정휴일을 말한다. 즉 월요일부터 금요일까지 일하기로 근로계약을 체결한 경우에 내가 월요일부터 금요일까지 5일을 개근하면 토요일과 일요일에 쉬더라도 하루치의 임금을 지급받을 수 있다. 하지만 초단시간 근로자에게는 해당 사항이 없으므로 실제로 근무한 5일치의 급여만 받게 된다.

또한 초단시간 근로자를 고용한 경우, 사업주는 그를 위해 국민연금과 고용보험을 가입하지 않아도 된다는 점에서도 차이가 있다. 초단시간 근로자에 관한 내용은 부록 1장에서 더 자세히 확인할 수 있다.

아르바이트도 수습 기간을 둘 수 있나요?

A 씨는 편의점 아르바이트만 다섯 번째 하고 있는 '편의점 알바왕'이다. 개강을 하면 학교 근처 편의점에서 일하고, 방학 때는 집 근처 편의점에서 일한다. 얼마 전에는 다른 곳으로 이사하게 되어 다른 지역의 편

의점에서 다시 일을 시작했다. 첫 아르바이트를 편의점에서 시작하였
는데 재고를 정리하는 일도, 손님을 응대하는 일도 잘 맞아서 계속 편
의점 아르바이트를 하게 되었다. 수차례 편의점에서 일했더니 진열대
를 정리하거나 고객을 대하는 노하우가 생겨서 신입을 가르칠 수준까
지 되었다. 하지만 새로운 편의점에서 근무를 시작할 때마다 A 씨의 경
력은 인정받지 못했다. 항상 첫 3개월을 수습 기간으로 계약하다 보니,
최저임금보다도 적은 급여를 받을 수밖에 없었다.•

수습 기간이란 근로계약을 체결한 뒤에 근로자가 업무를 수행
할 수 있도록 사업장에서 업무 능력 교육 및 훈련을 하는 근로
기간을 말한다. 쉽게 말해서 채용이 확정되었고, 근로 기간에도
포함되는데 일을 배우는 훈련 기간인 셈이다. 통상적으로 3개
월 정도를 수습 기간으로 두는 경우가 많다.

수습 기간에는 급여를 전부 지급하지 않고 일부만 지급하는
경우가 많은데, 금액만 놓고 봤을 때 최저임금보다 높은 금액

• 최저임금법 제5조(최저임금액) ② 1년 이상의 기간을 정하여 근로계약을 체결하고 수습 중에
있는 근로자로서 수습을 시작한 날부터 3개월 이내인 사람에 대하여는 대통령령으로 정하는
바에 따라 제1항에 따른 최저임금액과 다른 금액으로 최저임금액을 정할 수 있다. 다만, 단순
노무업무로 고용노동부장관이 정하여 고시한 직종에 종사하는 근로자는 제외한다. 최저임금
법 시행령 제3조(수습 중에 있는 근로자에 대한 최저임금액) 「최저임금법」(이하 "법"이라 한
다) 제5조제2항 본문에 따라 1년 이상의 기간을 정하여 근로계약을 체결하고 수습 중에 있는
근로자로서 수습을 시작한 날부터 3개월 이내인 사람에 대해서는 같은 조 제1항 후단에 따른
시간급 최저임금액(최저임금으로 정한 금액을 말한다. 이하 같다)에서 100분의 10을 뺀 금
액을 그 근로자의 시간급 최저임금액으로 한다.

을 지급한다면 문제 되지 않는다. 문제는 수습 기간이라는 이유로 급여를 감액했더니 최저임금보다 낮아지는 경우이다.

최저임금법에 따르면 1년 이상의 고용계약을 체결한 경우에는 수습 기간에 있는 근로자에게 최저임금에서 10%를 뺀 금액을 시간급으로 책정할 수 있다. 이때 수습 기간은 일을 시작한 날부터 3개월 이내로만 정해야 한다. 따라서 아르바이트라도 수습 기간 중이라면 최저임금보다 낮은 금액으로 급여를 받을 수 있는 것이다.

예외가 있다. 수습이란 훈련을 통해 업무 수행 능력을 키우는 것이기 때문에 특별히 교육이 필요 없는 업무는 수습 기간을 둘 수 없다. 이를 '단순노무업무'라고 하는데, 고용노동부 장관이 정하여 고시한 단순노무업무는 청소 및 경비 관련 단순노무직, 가사·음식 및 판매 관련 단순노무직 등이 있다.

구체적으로 어떤 업무가 단순노무직에 해당할까? 이는 통계청의 한국표준직업분류를 기준으로 판단한다. 이에 따르면 편의점 판매원은 단순노무직이 아니고 패스트푸드점에서 햄버거를 굽는 준비원은 단순노무직에 해당한다. A 씨는 편의점 판매원이니 수습 기간을 둘 수 있는 아르바이트를 하는 것이다. 만약 근로 기간을 1년 이상으로 하여 근로계약을 체결했다면 3개월간 최저임금의 90% 수준으로 수습 기간을 가질 수 있다.

최저임금 위반인 걸 모르고
계약서에 서명했다면?

월급으로 받는 금액만 대충 확인하고 서명을 했는데, 나중에 알고 보니 최저임금보다 낮은 시급을 기준으로 월급이 책정되었다면 어떻게 해야 할까? 걱정하지 말자. 최저임금보다 낮은 금액으로 작성한 급여 부분은 효력이 없다. 그렇다면 다시 협의를 해야 할까? 물론 사업주와 협의하여 적정한 금액으로 근로계약서를 다시 작성할 수 있다. 하지만 그렇게 하지 못한 경우라도, 최저임금보다 적은 금액으로 체결된 근로계약은 최저임금과 동일한 급여를 지급하기로 한 것으로 본다. 따라서 최저임금보다 낮은 금액인 것을 모르고 계약을 체결했더라도 최소한 최저임금은 자동으로 보장되는 것이다. 만약 사업주가 최저임금보다 적게 준다면 임금 체불이 된다.

사장님이 월급을 주지 않을 때

아르바이트 현장에서는 필연적으로 고용주와 아르바이트 직원 사이에 다양한 갈등이나 분쟁이 발생하곤 한다. 안타깝게도 아르바이트를 둘러싼 갈등이 항상 합리적으로 해결되는 것은 아니다. 많은 경우 계약관계상 '갑'에 있는 고용주가 아르바이트 직원과의 관계에서 주도권을 갖기 때문에, 업무량이나 임금, 근무 시간 등을 둘러싼 분쟁에서 아르바이트 직원이 갑질을 당하는 경우가 적지 않다. 특히 아직 사회생활 경험이 많지 않은 청소년이나 사회 초년생은 아르바이트를 하다가 부당한 대우를 받기 십상이다. 아르바이트 현장에서 발생하는 대표적인 부당 대우의 예시와 이에 대한 대처법을 알아보자.

아르바이트를 둘러싼 분쟁의 상당수는 고용주가 임금을 주지 않거나, 계약한 금액보다 적게 주거나, 최저임금에 미달한 금액을 지급하는 등 임금과 관련된 갑질이다.

임금은 처음 근로계약서에 정한 날짜에 지급해야 하며, 아르바이트 기간이 끝났다면(퇴직) 퇴직일로부터 14일 이내에 퇴직금과 각종 수당을 포함한 모든 임금을 통화(현금)로 지급해야 한다. 14일이 지났는데도 임금을 정산해주지 않는다면 임금 지급 기한을 넘긴 것이므로 고용주는 임금은 물론 연체이자까지 지급해야 한다.

임금 체불이 발생하였을 경우, 근로자는 일반적으로 고용노동부에 진정을 제기하여 체불된 임금을 요구하게 된다. 임금을 체불한 사용자에게 형사처벌에 대한 압박을 가하여 체불 임금을 지급하도록 하는 것이다. 이렇게 퇴직일로부터 14일이 지났는데도 급여를 받지 못했다면 가까운 지방고용노동지청을 방문하거나 고용노동부 홈페이지 민원마당에서 임금 체불 진정 신고서를 통해 신고할 수 있다.

일반적으로 고용노동부에 임금 체불에 대한 진정을 제기하게 되면 노동지청의 근로감독관은 당사자에게 출석 요구를 하여 체불액에 대한 조사를 하며, 체불 사실이 확인되는 경우 진정서 접수일로부터 25일(진정인이 동의하는 경우 25일 연장 가능)이 되는 날까지 전액을 청산토록 지시한다. 기한 내에 체불 임금을 모두 지급하면 진정 사건은 종결된다. 그러나 지급하지 않거나 일부만 지급하는 경우에는 사용자를 근로기준법 위반으로 입건하여 관할 검찰청에 사건을 송치하며, 법원의 판단에 따라 3년 이하의 징역 또는 2,000만 원 이하의 벌금이 부과된다.

고용주가 처벌을 받으면 끝일까? 처벌은 처벌대로 받고, 미지급한 급여는 아르바이트 직원에게 지급해야 한다. 단, 고용주가 처벌을 받는다고 해서 곧바로 내 통장에 못 받은 임금이 입금되는 것은 아니다. 고용주가 돈을 지급하지 않거나(지급 의사 없음), 돈이 없는 경우(지급 능력 없음)에는 결국 민사소송을 제기해야 한다. 민사소송을 제기할 때 노동청 근로감독관이 발급하는 확인서나, 체불 사실을 증명할 수 있는 각종 자료가 있다면 보다 수월하게 소송을 진행할 수 있다.

실수로 깬 컵을 알바비에서 빼야 할까?

아르바이트를 하다 보면 실수나 사고 등으로 사업장에 금전적 손해를 입히게 되는 경우가 있다. 예를 들어 매장에서 컵을 깨거나 음식 배달을 하다가 배송지를 오해해 음식을 버려야 하는 경우 등이다. 이에 일부 고용주들은 아르바이트 채용 시 업무상 과실로 손해가 발생하는 경우 이를 임금에서 공제하거나 배상하는 내용을 포함하여 근로계약을 체결하는 경우가 있다.

그러나 이리한 근로계약은 근로기준법 위반에 해당한다. 근로기준법은 업무상의 손해에 대한 배상액을 예정하는 근로계약을 하지 못하도록 금지하고 있기 때문이다. 따라서 이러한 근로계약은 법적인 효력이 없다.*

단, 이러한 근로계약을 할 수 없다고 해서 실질적으로 발생한 손해에 대한 아르바이트 직원의 배상 책임이 전혀 없다는 것은 아니다. 일을 하다가 실수나 부주의로 인해 발생한 손해에 대해서는 당연히 책임을 져야 할 수 있다. 컵을 깨는 등의 상대적으로 경미한 사례의 경우 당사자 간의 합의로도 풀 수 있을 것이다. 그렇지만 손해액이 크거나 사안이 중대하다면 합의에 이르기 어려운 경우가 많고 결국 고용주가 손해배상을

---

* 제20조(위약 예정의 금지) 사용자는 근로계약 불이행에 대한 위약금 또는 손해배상액을 예정하는 계약을 체결하지 못한다.

청구할 수 있다.

하지만 이 경우에도 법적인 절차(손해배상청구 소송 등)를 통해 손해배상의 금액과 책임 소재를 법리적으로 판단하지 않고 고용주가 자의적으로 손해액을 결정하고 그 금액을 월급에서 떼고 주는 것은 근로기준법 위반에 해당한다.

사장님이 내일부터 나오지 말래요

3개월 이상 계속 근로한 직원을 해고하려면 적어도 30일 전에 예고하거나, 그렇지 않다면 30일분 이상의 통상임금(해고예고수당)을 지급해야 한다. 이는 아르바이트의 경우에도 똑같이 적용된다. 따라서 해고 30일 전에 예고하지 않았다면 근로자는 해고예고수당을 청구할 수 있다. 이를 지급하지 않을 경우에는 임금을 지급하지 않은 경우와 마찬가지(임금 체불)이므로 관할 고용노동청에 진정을 넣어서 해결할 수 있다.

단, 치킨집에서 일하다 일주일 만에 해고된 아르바이트 직원이 부당해고를 주장하며 업주를 상대로 해고무효를 주장하였으나, 여러 사정을 들어 애초부터 고용계약의 기간은 일주일로 정해져 있었을 뿐이라고 보아 원고의 청구를 기각한 사례도 있다.*

이 판례에서 법원이 해고가 정당하다고 판단한 주요 근거는 아르바이트 채용 시 "일주일 동안 일을 하는 것을 보고 계속할지 여부를 정하기로 했다"는 사실이다. 실제로 해당 근로자가 근무를 시작한 날로부터 일주일이 경과한 후에 "며칠 지켜본 결과 같이 일하기 힘들 것 같다"는 취지의 문자를 보내면서 아르바이트 직원에게 근무를 그만하라고 통보했기 때문이다.

이렇듯 다양한 업무 형태나 근로계약 내용에 따라 해고의 정당성에 대한 판결은 달라질 수 있으므로, 아르바이트 근로계약서를 작성할 때 이러한 부분을 더욱 꼼꼼하게 살펴야 한다.

아르바이트 직원도
산재보상을 받을 수 있나요?

일하다가 다치거나 질병에 걸린 경우, 이를 산업재해라 한다. 신체적·정신적 피해를 통틀어서 의미하며, 업무상 원인으로 발

• 울산지방법원 2020. 6. 4. 선고 2019가합14963 판결: "…원고가 일주일 동안 일을 하는 것을 보고 계속할지 여부를 정하기로 했다는 피고의 주장은 아르바이트생을 채용하는 과정에서 이례적인 것으로 보이지 않고 원고도 이에 대해 다투지 않는 점, 피고는 원고가 근무를 시작한 날로부터 일주일이 경과한 후에 '며칠 지켜본 결과 같이 일하기 힘들 것 같다'는 취지의 문자를 보내면서 원고에게 근무를 그만하라고 한 점 등에 비추어 보면, 원고와 피고 사이의 고용계약은 일주일이라는 기간의 정함이 있는 계약이라고 봄이 상당하다. 그렇다면 원고와 피고의 고용계약은 위 기간이 경과함으로써 적법하게 종료되었다 할 것이고, 고용계약이 적법하게 종료된 이후의 임금 상당액을 구하는 원고의 임금 지급 청구는 더 나아가 살필 필요 없이 이유없다."

생한 사고나 질병 또는 출퇴근 도중에 발생한 사고로 발생한 재해는 산업재해로 인정받을 수 있다. 그리고 이러한 산업재해가 발생했을 때 근로자가 보상을 받을 수 있는 제도가 산재보험이다. 일단 산업재해가 발생했다면, 설령 그 원인이 본인의 실수로 다친 것이라도 산재보상을 받을 수 있다. 또한 근로자가 산재보험에 가입하지 않았더라도 산재보험 적용 대상 사업장에서 일하는 근로자라면 누구나 산재보상을 받을 수 있다.

아르바이트를 하다 보면 크고 작은 사고가 발생하기 마련이다. 그러나 현실에서는 고용주와 아르바이트 직원이 모두 산재보험에 대해 잘 알지 못하여 보상을 받지 못하는 경우가 많다. 4대보험에 가입하지 않았다는 이유로, 또는 아르바이트 직원의 실수나 부주의로 발생했다는 이유로 아무런 보상 없이 자비로 치료하는 경우도 있다. 그러나 상술한 바와 같이 근로자가 산재보험에 가입하지 않았더라도 보상을 받을 수 있다. 산재보상을 받고 싶은 경우에는 근로자 또는 대리인이 근로복지공단에 요양급여신청서와 휴업급여신청서 등을 제출하면 심사를 거쳐 보상을 받게 되며, 이 과정에서 사업주의 승인은 필요하지 않다.

산재보험과 관련된 최근의 의미있는 변화는 대리운전 기사나 배달 라이더 등의 특수형태근로종사자가 산재보험 적용 대상이 된 것이다. 과거에는 이들 직종은 업무의 위험성에도 불구하고 산재보험이 적용되지 않았다. 산재보험에 적용되려면 특정 사업체에 소속되어 근로해야 하는데(이를 전속성이라 한다), 특수형태근로종사자나 배달 플랫폼 종사자 등은 이 기준에 부합하지 않았기 때문이다. 그러나 산재보험법 개정으로 위와 같은 특수형태근로종사자도 2023년 7월부터 산재보험 적용을 받게 되었다. 투잡으로 배달을 하거나 대리운전을 한다면 불의의 사고가 발생했을 때 산재보상을 받을 수 있다는 점을 기억해두자.

사회에 나가 처음 만나는 법

© 장영인 2025

초판 발행 2025년 1월 24일

지은이 장영인

책임편집 최형욱 | **편집** 허영수 정일웅
마케팅 이보민 양혜림 손아영

펴낸곳 (주)북하우스 퍼블리셔스 | **펴낸이** 김정순
출판등록 1997년 9월 23일 제406-2003-055호

주소 04043 서울시 마포구 양화로 12길 16-9(서교동 북앤빌딩)
전화 02-3144-3123 | **팩스** 02-3144-3121
전자우편 editor@bookhouse.co.kr | **홈페이지** www.bookhouse.co.kr
인스타그램 @bookhouse_official

ISBN 979-11-6405-302-5 13300